Collection

Alfred de Musset

Les Caprices de Marianne

classiques Hatier

Texte intégral

Un genre
La comédie

© Hatier
Paris 2003
ISBN 2-218-**74330**-2
ISSN 0184 0851

Ariane Carrère
Certifiée de lettres modernes

HATIER

L'air du temps

Les Caprices de Marianne, 1833

■ Le 15 mai 1833, *Les Caprices de Marianne* paraissent dans *La Revue des Deux Mondes*. En 1834, la pièce est publiée dans le deuxième volume de *Spectacle dans un Fauteuil* qui regroupe les pièces parues dans *La Revue des Deux Mondes* ainsi que *La Nuit vénitienne* et *Lorenzaccio*. En 1851, la première représentation des *Caprices de Marianne* est donnée à la Comédie Française. La pièce est un succès.

■ En 1830, après la Révolution de Juillet, Louis-Philippe monte sur le trône ; la monarchie de Juillet s'établit jusqu'en 1848.

À la même époque...

■ En France, Victor Hugo publie la *Préface de Cromwell* en 1827. La représentation d'*Hernani* de Victor Hugo, le 25 février 1830, provoque une « bataille » entre classiques et romantiques.

■ George Sand publie *Lélia* (1833) et Balzac *Le Père Goriot* (1834).

■ En 1830, Delacroix peint *La Liberté guidant le peuple*.

■ En 1832, disparaissent Goethe et Walter Scott.

■ Eugène Deveria peint *Jeunes femmes assises* en 1827.

Sommaire

Introduction ... 4

Alfred de Musset
Les Caprices de Marianne (1833)

Liste des personnages ... 10

Acte I
- Scène 1 ... 11
- Scène 2 ... 36
- Scène 3 ... 44
- Faire le point ... 53

Acte II
- Scène 1 ... 54
- Scène 2 ... 80
- Scène 3 ... 85
- Scènes 4 et 5 ... 101
- Scène 6 ... 113
- Faire le point ... 122

Questions de synthèse ... 123

Index des rubriques ... 126

Table des illustrations ... 128

Introduction
Alfred de Musset (1810-1857)

Les premières années

Alfred de Musset naît à Paris le 11 décembre 1810 dans une famille cultivée de la petite noblesse ; son père, fervent admirateur de Napoléon Ier, est l'auteur d'une édition des œuvres de Jean-Jacques Rousseau.

Alfred de Musset et son frère Paul, de six ans son aîné, sont d'abord confiés à un précepteur et leur enfance se déroule tranquillement entre Paris et la campagne. Très jeunes, ils lisent des romans de chevalerie pour lesquels ils se passionnent.

En octobre 1819, Alfred et son frère entrent au collège Henri IV où le jeune garçon se révèle être un élève brillant ; il y rencontre le duc de Chartres, fils du futur Louis-Philippe, et Paul Foucher, beau-frère de Victor Hugo. La même année naît sa sœur Hermine.

Aux termes de ses études au collège, Musset hésite entre plusieurs carrières : il commence des études de droit, puis de médecine, mais ne les terminera pas. Il se lance également un temps dans le dessin. Son père, soucieux de son avenir, le fera même entrer chez un entrepreneur de chauffage mais Musset, attiré par la poésie, se tourne vers la littérature.

Un jeune poète

« Je voudrais être Schiller ou Shakespeare » écrit-il à Paul Foucher en 1827, et dès 1828, ce dernier l'introduit chez Victor Hugo et Nodier, où il fait la connaissance de Vigny, Sainte-Beuve et Mérimée. Cette même année, Musset publie une traduction de *L'Anglais, mangeur d'opium* de Thomas de Quincey.

Ami d'Alfred Tattet et Ulric Guttinger, dandys à la mode, Musset mène une vie mondaine et insouciante, faite de soupers et de plaisirs, ce qui ne l'empêche pas d'écrire. En décembre 1829, Musset publie les *Contes d'Espagne et d'Italie*, un recueil de vers qui suscite admiration et critiques.

**Charles Landelle (1812-1908) :
portrait d'Alfred de Musset,
1854, Versailles, musée du château.**

En 1830, dans *Les Pensées de Raphaël*, il se démarque des romantiques. Il se tourne aussi vers le théâtre : *La Quittance du diable*, sa première pièce, acceptée au théâtre des Nouveautés, n'y est finalement pas jouée ; *La Nuit vénitienne*, jouée deux fois à l'Odéon, connaît un échec retentissant et Musset décide de ne plus faire représenter ses pièces.

« Un spectacle dans un fauteuil »

Musset écrira dès lors des pièces de théâtre destinées à être lues dans un fauteuil.

Dès 1831, il collabore au journal *Le Temps* dans lequel il publie ses *Revues fantastiques* et des articles de critiques littéraire et dramatique.

En avril 1832, le père du poète meurt, victime du choléra. Outre sa douleur, Musset voit ses ressources financières diminuer ; sa seule solution est de réussir dans le domaine de la littérature ou de devenir soldat…

Fin décembre 1832, Musset publie *Un spectacle dans un fauteuil* qui comprend deux pièces de théâtre, *La Coupe et les Lèvres*, *À quoi rêvent les jeunes filles*, et un conte, *Namouna*. Mais ce recueil ne connaît pas un grand succès. Musset paie ainsi le prix de son esprit d'indépendance envers les romantiques.

En avril 1833, il entre comme collaborateur à *La Revue des Deux Mondes*, dirigée par François Buloz qui deviendra par la suite son éditeur. Il publie alors dans cette revue deux pièces, *André Del Sarto* et *Les Caprices de Marianne*, et un poème, « Rolla ».

Alfred de Musset et George Sand

Musset rencontre George Sand lors d'un dîner donné par Buloz en juin 1833. Commence alors une liaison passionnée. Les amants partent d'abord pour Fontainebleau où Musset a une crise d'hallucinations au cours de laquelle il croit voir son double.

En décembre, ils entreprennent un voyage en Italie qui les mènera à Venise où Musset tombe gravement malade. George Sand le soigne mais entretient en même temps une liaison avec le médecin, le docteur Pagello. Musset rentre donc seul à Paris en mars 1834. Les amants renoueront mais se quitteront définitivement en mars 1835.

En 1834, paraissent *Fantasio*, *On ne badine pas avec l'amour* et *Lorenzaccio*, trois pièces réunies dans le second volume de *Spectacle dans un fauteuil*.

Blessé par sa rupture avec George Sand, Musset se plonge dans l'écriture ; en 1835, dans *La Revue des Deux Mondes* paraissent *La*

Nuit de mai et *La Nuit de décembre*. Cette même année paraît *Le Chandelier*.

En 1836, Musset publie un roman autobiographique, *La Confession d'un Enfant du Siècle*, dans lequel il évoque sa liaison avec George Sand, puis paraissent *La Nuit d'août* et *Il ne faut jurer de rien*. Dans *Les Lettres de Dupuis à Cotonet* (1836-1837) et *La Lettre à M. de Lamartine*, il se démarque totalement des théories romantiques.

En 1837, il publie *La Nuit d'octobre, Un Caprice, Emmeline*.

La consécration et les difficultés

Musset est nommé conservateur de la bibliothèque du ministère de l'Intérieur en octobre 1838, grâce à son ancien condisciple du collège Henri IV, le duc de Chartres, devenu duc d'Orléans, poste qu'il occupera jusqu'en 1848, la révolution de février conduisant à sa révocation.

Il entretient quelques liaisons, notamment avec Madame Jaubert et Aimée d'Alton. Mais sa santé s'altère de plus en plus et il est sujet à de violentes crises de dépression.

En 1840, paraît la première publication des œuvres complètes de Musset.

En 1845, Musset est nommé chevalier de la Légion d'honneur. *Il faut qu'une porte soit ouverte ou fermée* est publié.

En 1847, Buloz, devenu administrateur de la Comédie Française, y fait jouer *Un Caprice*. C'est un succès et Musset remanie ses pièces pour la scène.

En 1848, les pièces *Il faut qu'une porte soit ouverte ou fermée* et *Il ne faut jurer de rien* sont représentées sur scène, suivies de *On ne saurait penser à tout* (1849), *Le Chandelier* (1850), *André del Sarto* (1850) et *Les Caprices de Marianne* (1853).

Il a une liaison avec Madame Allan puis avec Louise Collet.

Après deux échecs, Musset est enfin élu à l'Académie française en 1852 et nommé bibliothécaire du ministère de l'Instruction publique en 1853.

Il se consacre désormais à la publication de ses œuvres complètes mais, miné par la maladie et l'alcoolisme, il meurt le 2 mai 1857.

Musset et le drame romantique

Le drame romantique français se nourrit de l'influence d'auteurs étrangers comme Shakespeare et Schiller et tente de s'affranchir des règles du théâtre classique, trop contraignantes à leurs yeux, en particulier la règle des trois unités.

Le drame romantique veut toucher les spectateurs et, pour ce faire, peindre la vie réelle sous toutes ses formes ; il fait appel à la couleur locale et au mélange des genres.

En effet, selon Victor Hugo, le drame doit mêler le sublime au grotesque (voir la *Préface de Cromwell,* p. 33).

Le héros romantique est un solitaire en quête de son identité qui s'interroge sur le monde qui l'entoure.

Les pièces de Musset empruntent au drame romantique certaines de ses particularités, ainsi le type de héros, le choix des thèmes et le rejet des contraintes scéniques ; le poète y mêle aussi fantaisie et gravité et, pour exprimer la passion qui anime ses personnages, use de lyrisme.

Les Caprices de Marianne

Publiés dans la *Revue des Deux Mondes* le 15 mai 1833, *Les Caprices de Marianne* se font l'écho du mal de vivre de Musset et ses contemporains. Les trois personnages principaux de la pièce sont en quête d'un idéal qu'ils ne peuvent atteindre dans un monde perverti. Aussi tentent-ils d'échapper, chacun à sa façon, à la désillusion qui les menace.

Quête de l'amour vrai, aspiration à la pureté, nostalgie du passé et poids des conventions sociales unissent, malgré les apparences, Cœlio, Octave et Marianne.

Cette comédie, comme l'intitule Musset, traite de l'incompréhension entre les êtres, de l'impossibilité à se comprendre soi-même et de la douleur qui en résulte.

Alfred de Musset

Les Caprices de Marianne

Les Caprices de Marianne à la Comédie Française, photographie début XXe siècle.

Les Caprices de Marianne
Les personnages

CLAUDIO, *juge.*

MARIANNE, *sa femme.*

CŒLIO.

OCTAVE.

TIBIA, *valet de Claudio.*

CIUTA, *vieille femme.*

HERMIA, *mère de Cœlio.*

DOMESTIQUES.

MALVOLIO, *intendant d'Hermia.*

Naples

Acte premier
Scène première

Une rue devant la maison de Claudio
Marianne sortant de chez elle, un livre de messe à la main;
Ciuta l'aborde

CIUTA

Ma belle dame, puis-je vous dire un mot ?

MARIANNE

Que me voulez-vous ?

CIUTA

Un jeune homme de cette ville est éperdument amoureux de vous ; depuis un mois entier il cherche vainement l'occasion de vous l'apprendre. Son nom est Cœlio ; il est d'une noble famille et d'une figure distinguée.

MARIANNE

En voilà assez. Dites à celui qui vous envoie qu'il perd son temps et sa peine, et que s'il a l'audace de me faire entendre une seconde fois un pareil langage, j'en instruirai mon mari.

Elle sort.

CŒLIO, *entrant*

Et bien ! Ciuta qu'a-t-elle dit ?

CIUTA

Plus dévote[1] et plus orgueilleuse que jamais. Elle instruira son mari, dit-elle, si on la poursuit plus longtemps.

---

1. Très attachée à la religion.

Cœlio

Ah! malheureux que je suis, je n'ai plus qu'à mourir. Ah! la plus cruelle de toutes les femmes! Et que me conseilles-tu, Ciuta? Quelle ressource puis-je encore trouver?

Ciuta

Je vous conseille d'abord de sortir d'ici, car voici son mari qui la suit.

Ils sortent.
Entrent Claudio et Tibia.

Claudio

Es-tu mon fidèle serviteur? mon valet de chambre dévoué? Apprends que j'ai à me venger d'un outrage.

Tibia

Vous, monsieur!

Claudio

Moi-même, puisque ces impudentes[2] guitares ne cessent de murmurer sous les fenêtres de ma femme. Mais, patience! tout n'est pas fini. – Écoute un peu de ce côté-ci : voilà du monde qui pourrait nous entendre. Tu m'iras chercher ce soir le spadassin[3] que je t'ai dit.

Tibia

Pour quoi faire?

Claudio

Je crois que Marianne a des amants.

---

2. Insolentes.
3. Tueur à gages (vient de l'italien, *spada* : épée).

François Chaumette (Claudio) et Philippe Brizard (Tibia)
à la Comédie Française en 1989.

TIBIA
Vous croyez, monsieur ?

CLAUDIO
Oui ; il y autour de ma maison une odeur d'amants ; personne ne passe naturellement[4] devant ma porte ; il y pleut des guitares et des entremetteuses.

TIBIA
Est-ce que vous pouvez empêcher qu'on donne des sérénades[5] à votre femme ?

---

4. De manière naturelle.
5. Concert nocturne donné sous les fenêtres de l'être aimé.

Claudio
Non ; mais je puis poster un homme derrière la poterne[6] et me débarrasser du premier qui entrera.

Tibia
Fi ! votre femme n'a pas d'amants. – C'est comme si vous disiez que j'ai des maîtresses.

Claudio
Pourquoi n'en aurais-tu pas, Tibia ? Tu es fort laid, mais tu as beaucoup d'esprit.

Tibia
J'en conviens, j'en conviens.

Claudio
Regarde, Tibia, tu en conviens toi-même ; il n'en faut plus douter, et mon déshonneur est public.

Tibia
Pourquoi public ?

Claudio
Je te dis qu'il est public.

Tibia
Mais, monsieur, votre femme passe pour un dragon de vertu[7] dans toute la ville ; elle ne voit personne, elle ne sort de chez elle que pour aller à la messe.

---

6. Porte dérobée dans une enceinte, porte de derrière.
7. Personne d'une vertu très austère.

Acte I, scène 1

Claudio

Laisse-moi faire. – Je ne me sens pas de colère après tous les cadeaux qu'elle a reçus de moi. – Oui, Tibia, je machine en ce moment une épouvantable trame[8], et me sens prêt à mourir de douleur.

Tibia

Oh ! que non.

Claudio

Quand je te dis quelque chose, tu me ferais plaisir de le croire.

Ils sortent.

Cœlio, *rentrant*

Malheur à celui qui, au milieu de la jeunesse, s'abandonne à un amour sans espoir ! Malheur à celui qui se livre à une douce rêverie, avant de savoir où sa chimère[9] le mène, et s'il peut être payé de retour ! Mollement couché dans une barque, il s'éloigne peu à peu de la rive ; il aperçoit au loin des plaines enchantées, de vertes prairies et le mirage léger de son Eldorado[10]. Les vents l'entraînent en silence, et quand la réalité le réveille, il est aussi loin du but où il aspire que du rivage qu'il a quitté ; il ne peut plus ni poursuivre sa route ni revenir sur ses pas. (*On entend un bruit d'instruments.*) Quelle est cette mascarade[11] ? N'est-ce pas Octave que j'aperçois ?

---

8. Machination, complot.
9. Illusion, imagination vaine.
10. À l'origine, pays fabuleux d'Amérique du Sud où l'on trouve de l'or en quantité ; pays merveilleux, de rêves et de délires.
11. Défilé de personnes déguisées et masquées.

16 Les Caprices de Marianne

Gérard Philipe (Octave), Paris, TNP, novembre 1958,
mise en scène de Jean Vilar.

Acte I, scène 1

Entre Octave.

OCTAVE

Comment se porte, mon bon monsieur, cette gracieuse mélancolie ?

CŒLIO

Octave ! ô fou que tu es ! tu as un pied[12] de rouge sur les joues ! D'où te vient cet accoutrement ? N'as-tu pas de honte en plein jour ?

OCTAVE

Ô Cœlio ! fou que tu es ! tu as un pied de blanc sur les joues ! – D'où te vient ce large habit noir ? N'as-tu pas de honte en plein carnaval ?

CŒLIO

Quelle vie que la tienne ! Ou tu es gris[13], ou je le suis moi-même.

OCTAVE

Ou tu es amoureux, ou je le suis moi-même.

CŒLIO

Plus que jamais de la belle Marianne.

OCTAVE

Plus que jamais de vin de Chypre.

CŒLIO

J'allais chez toi quand je t'ai rencontré.

---

12. Ancienne unité de mesure valant environ 33 cm ; ici, couche.
13. À moitié ivre.

Octave

Et moi aussi j'allais chez moi. Comment se porte ma maison ? Il y a huit jours que je ne l'ai vue.

Cœlio

J'ai un service à te demander.

Octave

Parle, Cœlio, mon cher enfant. Veux-tu de l'argent ? je n'en ai plus. Veux-tu des conseils ? je suis ivre. Veux-tu mon épée ; voilà une batte[14] d'Arlequin. Parle, parle, dispose de moi.

Cœlio

Combien de temps cela durera-t-il ? Huit jours hors de chez toi ! Tu te tueras, Octave.

Octave

Jamais de ma propre main, mon ami, jamais ; j'aimerais mieux mourir que d'attenter à mes jours.

Cœlio

Et n'est-ce pas un suicide comme un autre, que la vie que tu mènes !

Octave

Figure-toi un danseur de corde, en brodequins[15] d'argent, le balancier[16] au poing, suspendu entre le ciel et la terre ; à droite et à gauche, de vieilles petites figures racornies, de maigres et pâles fantômes, des créanciers[17] agiles, des parents et des courtisanes, toute une légion de monstres se suspendent

---

14. Bâton que porte traditionnellement Arlequin.
15. Chaussures lacées montant au-dessus de la cheville.
16. Long bâton destiné à assurer l'équilibre du danseur de corde.
17. Personnes à qui l'on doit de l'argent.

à son manteau et le tiraillent de tous côtés pour lui faire perdre l'équilibre ; des phrases redondantes[18], de grands mots enchâssés[19] cavalcadent autour de lui ; une nuée de prédictions sinistres l'aveugle de ses ailes noires. Il continue sa course légère de l'orient à l'occident. S'il regarde en bas, la tête lui tourne ; s'il regarde en haut, le pied lui manque. Il va plus vite que le vent, et toutes les mains tendues autour de lui ne lui feront pas renverser une goutte de la coupe joyeuse qu'il porte à la sienne. Voilà ma vie, mon cher ami ; c'est ma fidèle image que tu vois.

CŒLIO

Que tu es heureux d'être fou !

OCTAVE

Que tu es fou de ne pas être heureux ! Dis-moi un peu, toi, qu'est-ce qui te manque ?

CŒLIO

Il me manque le repos, la douce insouciance qui fait de la vie un miroir où tous les objets se peignent un instant et sur lequel tout glisse. Une dette pour moi est un remords. L'amour, dont vous autres vous faites un passe-temps, trouble ma vie entière. Ô mon ami, tu ignoreras toujours ce que c'est qu'aimer comme moi ! Mon cabinet d'étude est désert ; depuis un mois j'erre autour de cette maison la nuit et le jour. Quel charme j'éprouve au lever de la lune, à conduire sous ces petits arbres, au fond de cette place, mon chœur modeste de musiciens, à marquer moi-même la mesure, à les entendre chanter la beauté de Marianne ! Jamais elle n'a paru à sa fenêtre ; jamais elle n'est venue appuyer son front charmant sur sa jalousie[20].

18. Qui répètent la même idée.
19. Sertis dans les phrases comme des pierres précieuses dans une monture.
20. Fenêtre recouverte d'un treillis, qui permet de voir sans être vu.

Octave
Qui est cette Marianne ? est-ce que c'est ma cousine ?

Cœlio
C'est elle-même, la femme du vieux Claudio.

Octave
Je ne l'ai jamais vue. Mais à coup sûr elle est ma cousine. Claudio est fait exprès. Conte-moi tes intérêts, Cœlio.

Cœlio
Tous les moyens que j'ai tentés pour lui faire connaître mon amour ont été inutiles. Elle sort du couvent ; elle aime son mari, et respecte ses devoirs. Sa porte est fermée à tous les jeunes gens de la ville, et personne ne peut l'approcher.

Octave
Ouais ! est-elle jolie ? – Sot que je suis ! tu l'aimes, cela n'importe guère. Que pourrions-nous imaginer ?

Cœlio
Faut-il te parler franchement ? ne te riras-tu pas de moi ?

Octave
Laisse-moi rire de toi, et parle franchement.

Cœlio
En ta qualité de parent, tu dois être reçu dans la maison.

Octave
Suis-je reçu ? Je n'en sais rien. Admettons que je suis reçu. À te dire vrai, il y a une grande différence entre mon auguste famille et une botte d'asperges. Nous ne formons pas un fais-

ceau bien serré, et nous ne tenons guère les uns aux autres que par écrit. Cependant Marianne connaît mon nom. Faut-il lui parler en ta faveur ?

CŒLIO

Vingt fois j'ai tenté de l'aborder ; vingt fois j'ai senti mes genoux fléchir en approchant d'elle. J'ai été forcé de lui envoyer la vieille Ciuta. Quand je la vois, ma gorge se serre et j'étouffe, comme si mon cœur se soulevait jusqu'à mes lèvres.

OCTAVE

J'ai éprouvé cela. C'est ainsi qu'au fond des forêts, lorsqu'une biche avance à petits pas sur les feuilles sèches, et que le chasseur entend les bruyères glisser sur ses flancs inquiets, comme le frôlement d'une robe légère, les battements de cœur le prennent malgré lui ; il soulève son arme en silence, sans faire un pas et sans respirer.

CŒLIO

Pourquoi donc suis-je ainsi ? N'est-ce pas une vieille maxime parmi les libertins[21], que toutes les femmes se ressemblent ? Pourquoi donc y a-t-il si peu d'amours qui se ressemblent ? En vérité, je ne saurais aimer cette femme comme toi, Octave, tu l'aimerais, ou comme j'en aimerais une autre. Qu'est-ce donc pourtant que tout cela ? deux yeux bleus, deux lèvres vermeilles, une robe blanche et deux blanches mains. Pourquoi ce qui te rendrait joyeux et empressé, ce qui t'attirerait, toi, comme l'aiguille aimantée attire le fer, me rend-il triste et immobile ? Qui pourrait dire : ceci est gai ou triste ? La réalité n'est qu'une ombre. Appelle imagination ou folie ce qui la divinise. – Alors la folie est la beauté elle-même. Chaque homme marche enveloppé d'un réseau transparent qui

---

| **21.** Ici, hommes menant une vie de plaisirs et aux mœurs très libres.

le couvre de la tête aux pieds : il croit voir des bois et des fleuves, des visages divins, et l'universelle nature se teint sous ses regards des nuances infinies du tissu magique. Octave ! Octave ! viens à mon secours.

OCTAVE

J'aime ton amour, Cœlio ; il divague dans ta cervelle comme un flacon syracusain[22]. Donne-moi la main ; je viens à ton secours, attends un peu. L'air me frappe au visage, et les idées me reviennent. Je connais cette Marianne ; elle me déteste fort, sans m'avoir jamais vu. C'est une mince poupée qui marmotte des *Ave* sans fin.

CŒLIO

Fais ce que tu voudras, mais ne me trompe pas, je t'en conjure ; il est aisé de me tromper ; je ne sais pas me défier d'une action que je ne voudrais pas faire moi-même.

OCTAVE

Si tu escaladais les murs ?

CŒLIO

Entre elle et moi est une muraille imaginaire que je n'ai pu escalader.

OCTAVE

Si tu lui écrivais ?

CŒLIO

Elle déchire mes lettres ou me les renvoie.

OCTAVE

Si tu en aimais une autre ? Viens avec moi chez Rosalinde.

---

22. Flacon contenant du vin de Syracuse (métonymie du flacon pour le vin ; c'est le vin qui fait « divaguer » Cœlio).

Cœlio

Le souffle de ma vie est à Marianne ; elle peut d'un mot de ses lèvres l'anéantir ou l'embraser. Vivre pour une autre me serait plus difficile que de mourir pour elle ; ou je réussirai, ou je me tuerai. Silence ! la voici qui rentre ; elle détourne la rue[23].

Octave

Retire-toi, je vais l'aborder.

Cœlio

Y penses-tu ? dans l'équipage où te voilà ! Essuie-toi le visage : tu as l'air d'un fou.

Octave

Voilà qui est fait. L'ivresse et moi, mon cher Cœlio, nous nous sommes trop chers l'un à l'autre pour nous jamais disputer ; elle fait mes volontés comme je fais les siennes. N'aie aucune crainte là-dessus ; c'est le fait d'un étudiant en vacances qui se grise un jour de grand dîner, de perdre la tête et de lutter avec le vin ; moi, mon caractère est d'être ivre ; ma façon de penser est de me laisser faire, et je parlerais au roi en ce moment, comme je vais parler à ta belle.

Cœlio

Je ne sais ce que j'éprouve. – Non, ne lui parle pas.

Octave

Pourquoi ?

Cœlio

Je ne puis dire pourquoi ; il me semble que tu vas me tromper.

| **23.** Apparaît au coin de la rue.

Octave

Touche là. Je te jure sur mon honneur que Marianne sera à toi, ou à personne au monde, tant que j'y pourrai quelque chose.

Cœlio sort.
Entre Marianne. Octave l'aborde.

Octave

Ne vous détournez pas, princesse de beauté! laissez tomber vos regards sur le plus indigne de vos serviteurs.

Marianne

Qui êtes-vous?

Octave

Mon nom est Octave; je suis cousin de votre mari.

Marianne

Venez-vous pour le voir? entrez au logis, il va revenir.

Octave

Je ne viens pas pour le voir, et n'entrerai point au logis, de peur que vous ne m'en chassiez tout à l'heure, quand je vous aurai dit ce qui m'amène.

Marianne

Dispensez-vous donc de le dire et de m'arrêter plus longtemps.

Octave

Je ne saurais m'en dispenser, et vous supplie de vous arrêter pour l'entendre. Cruelle Marianne! vos yeux ont causé bien du mal, et vos paroles ne sont pas faites pour le guérir. Que vous avait fait Cœlio?

Marianne
215 De qui parlez-vous, et quel mal ai-je causé ?

Octave
Un mal le plus cruel de tous, car c'est un mal sans espérance ; le plus terrible, car c'est un mal qui se chérit lui-même, et repousse la coupe salutaire jusque dans la main de l'amitié ; un mal qui fait pâlir les lèvres sous des poisons plus doux que
220 l'ambroisie[24], et qui fond en une pluie de larmes le cœur le plus dur, comme la perle de Cléopâtre[25] ; un mal que tous les aromates, toute la science humaine ne sauraient soulager, et qui se nourrit du vent qui passe, du parfum d'une rose fanée, du refrain d'une chanson, et qui suce l'éternel aliment de ses
225 souffrances dans tout ce qui l'entoure, comme une abeille son miel dans tous les buissons d'un jardin.

Marianne
Me direz-vous le nom de ce mal ?

Octave
Que celui qui est digne de le prononcer vous le dise ; que les rêves de vos nuits, que ces orangers verts, cette fraîche cascade
230 vous l'apprennent ; que vous puissiez le chercher un beau soir, vous le trouverez sur vos lèvres ; son nom n'existe pas sans lui.

Marianne
Est-il si dangereux à dire, si terrible dans sa contagion, qu'il effraie une langue qui plaide en sa faveur ?

---

24. Nourriture des dieux de l'Olympe procurant l'immortalité.
25. Cléopâtre aurait parié de dépenser plus de dix mille sesterces en un seul repas ; aussi, elle fit fondre une perle de cette valeur dans du vinaigre et but le mélange.

Octave

235 Est-il si doux à entendre, cousine, que vous le demandiez ? Vous l'avez appris à Cœlio.

Marianne

C'est donc sans le vouloir ; je ne connais ni l'un ni l'autre.

Octave

Que vous les connaissiez ensemble, et que vous ne les sépariez jamais, voilà le souhait de mon cœur.

Marianne

240 En vérité ?

Octave

Cœlio est le meilleur de mes amis ; si je voulais vous faire envie, je vous dirais qu'il est beau comme le jour, jeune, noble, et je ne mentirais pas ; mais je ne veux que vous faire pitié, et je vous dirai qu'il est triste comme la mort, depuis le jour où il 245 vous a vue.

Marianne

Est-ce ma faute s'il est triste ?

Octave

Est-ce sa faute si vous êtes belle ? Il ne pense qu'à vous ; à toute heure il rôde autour de cette maison. N'avez-vous jamais entendu chanter sous vos fenêtres ? N'avez-vous jamais 250 soulevé, à minuit, cette jalousie et ce rideau ?

Marianne

Tout le monde peut chanter le soir, et cette place appartient à tout le monde.

Laure Marsac (Marianne) et Lambert Wilson (Octave),
Les Bouffes du Nord, 1994, mise en scène de Lambert Wilson.

Octave

Tout le monde aussi peut vous aimer ; mais personne ne peut vous le dire. Quel âge avez-vous, Marianne ?

Marianne

Voilà une jolie question ! et si je n'avais que dix-neuf ans, que voudriez-vous que j'en pense ?

Octave

Vous avez donc encore cinq ou six ans pour être aimée, huit ou dix pour aimer vous-même, et le reste pour prier Dieu.

Marianne
Vraiment ? Eh bien ! pour mettre le temps à profit, j'aime Claudio, votre cousin et mon mari.

Octave
Mon cousin et votre mari ne feront jamais à eux deux qu'un pédant[26] de village ; vous n'aimez point Claudio.

Marianne
Ni Cœlio ; vous pouvez le lui dire.

Octave
Pourquoi ?

Marianne
Pourquoi n'aimerais-je pas Claudio ? C'est mon mari.

Octave
Pourquoi n'aimeriez-vous pas Cœlio ? C'est votre amant[27].

Marianne
Me direz-vous aussi pourquoi je vous écoute ? Adieu, seigneur Octave ; voilà une plaisanterie qui a duré assez longtemps.

Elle sort.

Octave
Ma foi, ma foi ! elle a de beaux yeux.

Il sort.

---

26. Homme qui étale son savoir avec prétention (forme péjorative).
27. Celui qui aime.

Questions

Acte I, scène 1

Repérer et analyser

Le langage théâtral

Répliques et didascalies

> Le langage théâtral est constitué des répliques (propos échangés par les personnages) et des didascalies.
> Les didascalies sont les indications scéniques (notées entre parenthèses ou en italique) données par l'auteur afin d'éclairer le jeu des acteurs et la mise en scène. On distingue par exemple les didascalies initiales (titre de la pièce et liste des personnages), les didascalies d'énonciation (signalant notamment le destinataire d'une réplique), de geste, d'intonation, de décor, d'objets...

1 a. Lisez la didascalie initiale présentant la liste des personnages (p. 10). À qui Marianne est-elle mariée ? Quel métier son mari exerce-t-il ?
b. Dans quel pays, dans quelle ville et dans quel endroit précis la première scène se déroule-t-elle ? Relevez dans la scène toutes les allusions à ce pays.
c. À quel moment de l'année l'action a-t-elle lieu ? À quel moment de la journée ? Relevez dans les répliques des personnages les phrases qui l'indiquent.

2 Quels éléments constituent le décor au début de la scène 1 ?

3 a. Repérez les didascalies qui signalent les entrées et les sorties des personnages.
b. Combien de parties ces entrées et sorties délimitent-elles dans la scène ? Dites qui sont les interlocuteurs des différents dialogues qui se succèdent.

La double énonciation et l'exposition

> – Le langage théâtral repose sur une situation de double énonciation : les propos échangés par les personnages, les monologues sont destinés non seulement aux personnages présents sur scène, mais aussi aux spectateurs.
> – Les premières scènes d'une pièce de théâtre sont destinées à fournir aux spectateurs les informations qui leur sont indispensables pour comprendre l'action qui se déroule sous leurs yeux. On appelle ces scènes, « scènes d'exposition ».

Les Caprices de Marianne

4 Qu'apprend le spectateur :
– sur les relations qu'entretiennent Octave et Cœlio ;
– sur les sentiments amoureux de Cœlio (de qui est-il amoureux ? comment a-t-il manifesté cet amour jusqu'à présent ? cet amour est-il partagé ? quels obstacles se dressent devant lui ?) ;
– sur le personnage de Marianne : quelle image donne-t-elle d'elle-même ? Appuyez-vous pour répondre sur l'indication fournie par la didascalie au début de la scène, et sur ce qu'en disent Ciuta (l. 11-12), Tibia (l. 45 à 47), et Cœlio (l. 121 à 127) ;
– sur le couple Marianne/Claudio : quel âge Marianne a-t-elle ? Citez une expression, dans la bouche de Cœlio, qui montre que son mari est âgé. Marianne semble-t-elle aimer ce mari ? Citez le texte.

L'action

5 Le rôle de l'entremetteuse

> Personnage traditionnel de la comédie latine et de la comédie italienne, l'entremetteuse sert d'intermédiaire dans les intrigues amoureuses.

Quel service Cœlio demande-t-il à l'entremetteuse Ciuta ? Réussit-elle dans son entreprise ?

6 Relisez les lignes 18 à 53. Quels soupçons Claudio conçoit-il ? Quelle vengeance prépare-t-il ?

7 Quel autre personnage intervient auprès de Marianne en faveur de Cœlio ?

Le monologue de Cœlio (l. 54 à 64)

> Au théâtre, on parle de monologue lorsqu'un personnage exprime seul et à voix haute ce qu'il ressent.

8 Quels sentiments Cœlio exprime-t-il à voix haute ? Quels sont les deux destinataires du monologue ?

9 L'anaphore

> L'anaphore est une figure de style qui consiste à répéter un mot ou un groupe de mots en début de phrase, de proposition ou de vers.

Relevez l'anaphore dans ce monologue. Quel effet produit-elle ?

Acte I, scène 1

10 La métaphore

– Les personnages font un grand usage de la métaphore, chère aux romantiques, qui assimile un élément à un autre, sans outil de comparaison (comme, tel, ressembler à…).
Exemple : les flocons d'écume (l'écume est assimilée à des flocons, point commun : légèreté, couleur blanche).
– Quand la métaphore se prolonge sur plusieurs lignes, on parle de « métaphore filée ».

Relevez la métaphore filée utilisée par Cœlio. En quoi s'applique-t-elle à sa situation ?

Les dialogues

Octave et Cœlio

11 a. Quelles différentes confidences Cœlio fait-il à Octave ?
b. Pour quelle raison Octave accepte-t-il d'être l'interprète de Cœlio auprès de Marianne ?

12 En quoi Cœlio et Octave ont-ils des conceptions opposées de l'amour ? Appuyez-vous pour répondre sur les lignes 108 à 119 et sur les lignes 139 à 158.

13 En quoi ont-ils des conceptions opposées de la vie ? Pour répondre :
– analysez notamment la métaphore filée du danseur de corde (l. 90-91) évoquée par Octave ;
– dites quelles sont les couleurs de Cœlio et celles d'Octave. Que symbolisent-elles ?

14 a. Relevez des exemples de répliques parallèles fondées sur le procédé de l'inversion.
b. Quelles sont les deux significations du mot « fou » lignes 105 et 106 ?
c. Quel est l'effet produit sur le spectateur par ce dialogue ?

Octave et Marianne

15 a. De quoi Octave cherche-t-il à convaincre Marianne ? Quels arguments différents utilise-t-il pour la fléchir ?
b. Par quelle métaphore Octave décrit-il l'amour à Marianne (l. 216 à 226) ? Relevez l'anaphore. Quel mot est ici mis en valeur ? Quel effet Octave cherche-t-il à produire sur la jeune femme ?

Les Caprices de Marianne

16 Montrez, en citant des exemples, que les personnages ont l'esprit de répartie. Appuyez-vous sur les répliques parallèles.

17 Sur quel ton Marianne répond-elle à Octave ? Quel personnage prend le dessus à la fin de l'entretien ?

Les registres

> On appelle registres les différentes tonalités que peut revêtir un texte : registre lyrique (expression des sentiments personnels), comique, tragique, épique...

18 Montrez, en citant des exemples précis, que cette scène mêle différents registres : registre comique et bouffon (dialogue entre Claudio et Tibia), registre lyrique (monologue de Cœlio), traits d'humour (répliques d'Octave). Quel est l'effet produit ?

La visée et les attentes du spectateur

19 a. Quel effet Musset cherche-t-il à produire chez le spectateur dès cette première scène ?
b. À quel type d'intrigue le spectateur s'attend-il ?
c. Quelle menace plane sur les personnages ? De qui vient-elle ?

Étudier la langue

20 Cherchez dans un dictionnaire les différents sens du mot « caprices ».

21 Quel est le sens du mot « amant » (l. 29 et 266) ? Ce mot a-t-il le même sens qu'aujourd'hui ?

Comparer

22 Dans quelle pièce de Molière rencontre-t-on un personnage d'entremetteuse, comparable à Ciuta ?

Lire

23 « Vous avez donc encore cinq ou six ans pour être aimée, huit ou dix pour aimer vous-même, et le reste pour prier Dieu », dit Octave à Marianne (l. 257-258).
Sur le thème du temps qui passe, lisez les poèmes de Ronsard : « Mignonne, allons voir si la rose… » (*Odes*, I, 17) et « Quand vous serez bien vieille… » (*Sonnets à Hélène*, II, XLIII).

Se documenter

Le drame romantique

Dans le premier quart du XIXe siècle, le théâtre français est encore dominé par la tragédie classique dont le grand représentant est Racine. Mais les jeunes écrivains lisent Shakespeare et Schiller et trouvent le théâtre de ces dramaturges plus libre et mieux adapté à leur propre sensibilité. Ils s'inspirent alors de ces auteurs pour donner à la France un genre nouveau : le drame romantique.

Extraits de la *Préface de Cromwell*, Victor Hugo

« Préface »

[…] la muse moderne verra les choses d'un coup d'œil plus haut et plus large. Elle sentira que tout dans la création n'est pas humainement *beau*, que le laid y existe à côté du beau, le difforme près du gracieux, le grotesque au revers du sublime, le mal avec le bien, l'ombre avec la lumière. Elle se demandera si la raison étroite et relative de l'artiste doit avoir gain de cause sur la raison infinie, absolue, du créateur ; si c'est à l'homme à rectifier Dieu ; si une nature mutilée en sera plus belle ; si l'art a le droit de dédoubler, pour ainsi dire, l'homme, la vie, la création ; si chaque chose marchera mieux quand on lui aura ôté son muscle et son ressort ; si, enfin, c'est le moyen d'être harmonieux que d'être incomplet.

C'est alors que, l'œil fixé sur des événements tout à la fois risibles et formidables, et sous l'influence de cet esprit de mélancolie chrétienne et de critique philosophique que nous observions tout à l'heure, la poésie fera un grand pas, un pas décisif, un pas qui, pareil à la secousse d'un tremblement de terre, changera toute la face du monde intellectuel. Elle se mettra à faire comme la nature, à mêler dans ses créations, sans pourtant les confondre, l'ombre à la lumière, le grotesque au sublime, en d'autres termes, le corps à l'âme, la bête à l'esprit ; car le point de départ de la religion est toujours le point de départ de la poésie. Tout se tient.

Ainsi voilà un principe étranger à l'Antiquité, un type nouveau introduit dans la poésie ; et, comme une condition de plus dans l'être modifie l'être tout entier, voilà une forme nouvelle qui se développe dans l'art. Ce type, c'est le grotesque. Cette forme, c'est la comédie.

Et ici, qu'il nous soit permis d'insister ; car nous venons d'indiquer le trait caractéristique, la différence fondamentale qui sépare, à notre avis, l'art moderne de l'art antique, la forme actuelle de la forme morte, ou, pour nous servir de mots plus vagues, mais plus accrédités, la littérature *romantique* de la littérature *classique*.

- Enfin ! vont dire ici les gens qui, depuis quelque temps, nous *voient venir*, nous vous tenons ! vous voilà pris sur le fait ! Donc, vous faites du *laid* un type d'imitation, du *grotesque* un élément de l'art ! Mais les grâces… mais le bon goût… Ne savez-vous pas que l'art doit rectifier la nature ? qu'il faut *l'anoblir* ? qu'il faut *choisir* ? Les anciens ont-ils jamais mis en œuvre le laid et le grotesque ? ont-ils jamais mêlé la comédie à la tragédie ? L'exemple des anciens, messieurs ! D'ailleurs, Aristote… D'ailleurs, Boileau… D'ailleurs, La Harpe…

– En vérité !

Ces arguments sont solides, sans doute, et surtout d'une rare nouveauté. Mais notre rôle n'est pas d'y répondre. Nous ne bâtissons pas ici de système, parce que Dieu nous garde des systèmes. Nous constatons un fait. Nous sommes historien et non critique. Que ce fait plaise ou déplaise, peu importe ! il est.

– Revenons donc, et essayons de faire voir que c'est de la féconde union du type grotesque au type sublime que naît le génie moderne, si complexe, si varié dans ses formes, si inépuisable dans ses créations, et bien opposé en cela à l'uniforme simplicité du génie antique […]. Il y aurait, à notre avis, un livre bien nouveau à faire sur l'emploi du grotesque dans les arts. On pourrait montrer quels puissants effets les modernes ont tirés de ce type fécond sur lequel une critique étroite s'acharne encore de nos jours. Nous serons peut-être tout à l'heure amené par notre sujet à signaler en passant quelques traits de ce vaste tableau. Nous dirons seulement ici que, comme objectif auprès du sublime, comme moyen de contraste, le grotesque est, selon nous, la plus riche source que la nature puisse ouvrir à l'art. […]

Shakespeare, c'est le Drame ; et le drame, qui fond sous un même souffle le grotesque et le sublime, le terrible et le bouffon, la tragédie et la comédie, le drame est le caractère propre de la troisième époque de poésie, de la littérature actuelle.

Victor Hugo, extraits de la *Préface de Cromwell*, 1827.

Acte premier
Scène 2

La maison de Cœlio
Hermia, plusieurs domestiques. Malvolio

HERMIA
Disposez ces fleurs comme je vous l'ai ordonné ; a-t-on dit aux musiciens de venir ?

UN DOMESTIQUE
Oui, madame ; ils seront ici à l'heure du souper.

HERMIA
Ces jalousies fermées sont trop sombres ; qu'on laisse entrer le jour sans laisser entrer le soleil. – Plus de fleurs autour de ce lit ; le souper est-il bon ? Aurons-nous notre belle voisine, la comtesse Pergoli ? À quelle heure est sorti mon fils ?

MALVOLIO
Pour être sorti, il faudrait d'abord qu'il fût rentré. Il a passé la nuit dehors.

HERMIA
Vous ne savez pas ce que vous dites. – Il a soupé hier avec moi, et m'a ramenée ici. A-t-on fait porter dans le cabinet d'étude le tableau que j'ai acheté ce matin ?

MALVOLIO
Du vivant de son père, il n'en aurait pas été ainsi. Ne dirait-on pas que notre maîtresse a dix-huit ans, et qu'elle attend son sigisbée[1] ?

---

1. Chevalier servant (vient de l'italien *cicisbeo* : amoureux).

Hermia

Mais du vivant de sa mère, il en est ainsi, Malvolio. Qui vous a chargé de veiller sur sa conduite ? Songez-y : que Cœlio ne rencontre pas sur son passage un visage de mauvais augure[2] ; qu'il ne vous entende pas grommeler entre vos dents, comme un chien de basse-cour à qui l'on dispute l'os qu'il veut ronger, ou, par le ciel, pas un de vous ne passera la nuit sous ce toit.

Malvolio

Je ne grommelle rien ; ma figure n'est pas un mauvais présage : vous me demandez à quelle heure est sorti mon maître, et je vous réponds qu'il n'est pas rentré. Depuis qu'il a l'amour en tête, on ne le voit pas quatre fois la semaine.

Hermia

Pourquoi ces livres sont-ils couverts de poussière ? Pourquoi ces meubles sont-ils en désordre ? Pourquoi faut-il que je mette ici la main à tout, si je veux obtenir quelque chose ? Il vous appartient bien de lever les yeux sur ce qui ne vous regarde pas, lorsque votre ouvrage est à moitié fait, et que les soins dont on vous charge retombent sur les autres. Allez, et retenez votre langue. (*Entre Cœlio.*) Eh bien ! mon cher enfant, quels seront vos plaisirs aujourd'hui ?

Les domestiques se retirent.

Cœlio

Les vôtres, ma mère.

Il s'assoit.

| **2.** De mauvais présage.

Hermia

35 Eh ! quoi ! les plaisirs communs, et non les peines communes ? C'est un partage injuste, Cœlio. Ayez des secrets pour moi, mon enfant, mais non pas de ceux qui vous rongent le cœur, et vous rendent insensible à tout ce qui vous entoure.

Cœlio

Je n'ai point de secret, et plût à Dieu, si j'en avais, qu'ils fussent
40 de nature à faire de moi une statue !

Hermia

Quand vous aviez dix ou douze ans, toutes vos peines, tous vos petits chagrins se rattachaient à moi ; d'un regard sévère ou indulgent de ces yeux que voilà, dépendait la tristesse ou la joie des vôtres, et votre petite tête blonde tenait par un fil
45 bien délié au cœur de votre mère. Maintenant, mon enfant, je ne suis plus que votre vieille sœur, incapable peut-être de soulager vos ennuis, mais non pas de les partager.

Cœlio

Et vous aussi, vous avez été belle ! Sous ces cheveux argentés qui ombragent votre noble front, sous ce long manteau qui
50 vous couvre, l'œil reconnaît encore le port majestueux d'une reine, et les formes gracieuses d'une Diane chasseresse[3]. Ô ma mère ! vous avez inspiré l'amour ! Sous vos fenêtres entrouvertes a murmuré le son de la guitare ; sur ces places bruyantes, dans le tourbillon de ces fêtes, vous avez promené une insou-
55 ciante et superbe jeunesse ; vous n'avez point aimé ; un parent de mon père est mort d'amour pour vous.

Hermia

Quel souvenir me rappelles-tu ?

| **3.** Déesse latine de la chasse et de la nature sauvage.

Acte I, scène 2   39

Hélène Arié (Hermia) et Rémi Martin (Cœlio), théâtre Mouffetard, 1994, mise en scène de Anne Saint Mor.

CŒLIO

Ah ! si votre cœur peut en supporter la tristesse, si ce n'est pas vous demander des larmes, racontez-moi cette aventure, ma mère, faites-m'en connaître les détails.

HERMIA

Votre père ne m'avait jamais vue dehors. Il se chargea, comme allié de ma famille, de faire agréer la demande du jeune Orsini qui voulait m'épouser. Il fut reçu comme le méritait son rang, par votre grand-père, et admis dans notre intimité. Orsini était un excellent parti, et cependant je le refusai. Votre père, en plaidant pour lui, avait tué dans mon cœur le peu d'amour qu'il m'avait inspiré pendant deux mois d'assiduités constantes. Je n'avais pas soupçonné la force de sa passion pour moi. Lorsqu'on lui apporta ma réponse, il tomba, privé de connaissance, dans les bras de votre père. Cependant une longue absence, un voyage qu'il entreprit alors, et dans lequel il augmenta sa fortune, devaient avoir dissipé ses chagrins. Votre père changea de rôle, et demanda pour lui ce qu'il n'avait pu obtenir pour Orsini. Je l'aimais d'un amour sincère, et l'estime qu'il avait inspirée à mes parents ne me permit pas d'hésiter. Le mariage fut décidé le jour même, et l'église s'ouvrit pour nous quelques semaines après. Orsini revint à cette époque. Il fut trouver votre père, l'accabla de reproches, l'accusa d'avoir trahi sa confiance, et d'avoir causé le refus qu'il avait essuyé. Du reste, ajouta-t-il, si vous avez désiré ma perte, vous serez satisfait. Épouvanté de ces paroles, votre père vint trouver le mien, et lui demander son témoignage pour désabuser[4] Orsini. – Hélas ! il n'était plus temps ; on trouva dans sa chambre le pauvre jeune homme traversé de part en part de plusieurs coups d'épée.

| **4.** Détromper.

Questions

Acte I, scène 2

Repérer et analyser

Le lieu, le temps et l'action

1 Dans quel lieu et à quel moment de la journée cette scène se déroule-t-elle ? Appuyez-vous, pour répondre, sur des indices précis.

2 « Il a passé la nuit dehors » (l. 8-9) : le spectateur sait-il avec qui Cœlio a passé la soirée précédente et ce qu'il a fait durant le reste de la nuit ? Justifiez votre réponse.

Les relations entre les personnages

Hermia et Malvolio

3 a. Que signifie le nom Malvolio ?
b. Quelle est la fonction de Malvolio dans la maison ? Se contente-t-il seulement de remplir cette fonction ? Justifiez votre réponse.

4 a. Quel reproche Malvolio fait-il à Hermia ?
b. Quelle critique Malvolio formule-t-il envers Cœlio ?

5 a. Quels reproches Hermia fait-elle à son tour à Malvolio ? Quel type de phrase emploie-t-elle pour les formuler (l. 26 à 32) ? À qui compare-t-elle Malvolio (l. 19 à 21) ?
b. Les reproches de Hermia sont-ils justifiés ? Que cherche-t-elle à faire ?

Hermia et Cœlio

6 Quels différents préparatifs Hermia fait-elle pour Cœlio ? Pour quelle raison est-elle si attentionnée ? Quel type de phrases souligne sa nervosité (l. 5 à 7) ?

7 Par quel terme Hermia désigne-t-elle Cœlio dès qu'elle le voit ? Quel personnage avait appelé le jeune homme par les mêmes termes ?

8 a. Quel « reproche » fait-elle ensuite à son fils ?
b. Quel rôle souhaite-t-elle jouer auprès de lui ? Y réussit-elle ?

Les Caprices de Marianne

9 « Eh bien ! mon cher enfant, quels seront vos plaisirs aujourd'hui ? [...] Les vôtres, ma mère. » (l. 32 à 34) : qu'indique cet échange de répliques sur les liens qui unissent la mère et le fils ?

Le registre lyrique

Le lyrisme se caractérise par un mode d'expression personnel qui accorde une large place à l'émotion : présence du lexique de l'affectivité, présence de figures de style... pour traduire la force des sentiments.

10 Relevez les marques de lyrisme :
– dans l'évocation de l'enfance de Cœlio (l. 41 à 45) : quel sentiment Hermia exprime-t-elle à travers cette évocation ?
– dans le portrait que Cœlio fait de sa mère (l. 48 à 56).

La mise en abyme : le récit de Hermia

On parle de mise en abyme lorsque, dans une œuvre, est enchâssé un motif qui est le reflet de cette œuvre. Par exemple, dans certains tableaux, le peintre insère un miroir qui reflète la scène reproduite.

11 Pourquoi Cœlio demande-t-il à Hermia de raconter cet épisode de sa vie ?

12 a. Relevez les ressemblances et les différences entre l'histoire d'Orsini et celle de Cœlio.
b. Qui était Orsini par rapport au père de Cœlio ? Que fait de lui Cœlio (l. 56) ? Pourquoi opère-t-il ce glissement ?

13 Quel rôle joue le récit de Hermia dans la progression dramatique de la pièce ?

La visée

14 En quoi la conduite d'Hermia peut-elle expliquer le tempérament de Cœlio ?

15 Quels sentiments Musset cherche-t-il à susciter chez le spectateur dans cette scène ?

Acte I, scène 2 — 43

Écrire

Rédiger un dialogue

16 Rédigez, en quelques répliques, le dialogue qu'auraient pu avoir Orsini, de retour de voyage, et le père de Cœlio suite à la nouvelle du mariage de ce dernier avec Hermia.

Lire et comparer

La Nuit des rois de Shakespeare

17 Dans *Les Caprices de Marianne*, Musset fait référence à la pièce de Shakespeare *La Nuit des rois* : Orsini rappelle le personnage d'Orsino et les intendants ont le même nom : Malvolio.
Lisez la pièce et comparez l'attitude qu'adoptent les deux intendants envers leurs maîtresses respectives.

Acte premier
Scène 3

Le jardin de Claudio
Entrent Claudio et Tibia

CLAUDIO
Tu as raison, et ma femme est un trésor de pureté. Que te dirai-je de plus ? c'est une vertu solide.

TIBIA
Vous croyez, monsieur ?

CLAUDIO
Peut-elle empêcher qu'on ne chante sous ses croisées[1] ? Les signes d'impatience qu'elle peut donner dans son intérieur sont les suites de son caractère. As-tu remarqué que sa mère, lorsque j'ai touché cette corde, a été tout d'un coup du même avis que moi ?

TIBIA
Relativement à quoi ?

CLAUDIO
Relativement à ce qu'on chante sous ses croisées.

TIBIA
Chanter n'est pas un mal, je fredonne moi-même à tout moment.

| 1. Fenêtres.

Acte I, scène 3

Claudio
Mais bien chanter est difficile.

Tibia
Difficile pour vous et pour moi, qui, n'ayant pas reçu de voix de la nature, ne l'avons jamais cultivée. Mais voyez comme ces acteurs de théâtre s'en tirent habilement.

Claudio
Ces gens-là passent leur vie sur les planches.

Tibia
Combien croyez-vous qu'on puisse donner par an ?

Claudio
À qui ? à un juge de paix ?

Tibia
Non, à un chanteur.

Claudio
Je n'en sais rien. – On donne à un juge de paix le tiers de ce que vaut ma charge. Les conseillers de justice ont moitié.

Tibia
Si j'étais juge en cour royale, et que ma femme eût des amants, je les condamnerais moi-même.

Claudio
À combien d'années de galère[2] ?

---

[2]. Navire de guerre à voiles et à rames sur lequel les criminels étaient condamnés à ramer.

Tibia

À la peine de mort. Un arrêt de mort est une chose superbe à lire à haute voix.

Claudio

Ce n'est pas le juge qui le lit, c'est le greffier[3].

Tibia

Le greffier de votre tribunal a une jolie femme.

Claudio

Non, c'est le président qui a une jolie femme ; j'ai soupé hier avec eux.

Tibia

Le greffier aussi ! Le spadassin qui va venir ce soir est l'amant de la femme du greffier.

Claudio

Quel spadassin ?

Tibia

Celui que vous avez demandé.

Claudio

Il est inutile qu'il vienne après ce que je t'ai dit tout à l'heure.

Tibia

À quel sujet ?

Claudio

Au sujet de ma femme.

---

3. Officier public qui rédige et conserve les minutes du procès et les pièces de procédure.

Tibia
La voici qui vient elle-même.

Entre Marianne.

Marianne
Savez-vous ce qui m'arrive pendant que vous courez les champs ? J'ai reçu la visite de votre cousin.

Claudio
Qui cela peut-il être ? Nommez-le par son nom.

Marianne
Octave, qui m'a fait une déclaration d'amour de la part de son ami Cœlio. Qui est ce Cœlio ? Connaissez-vous cet homme ? Trouvez bon que ni lui ni Octave ne mettent les pieds dans cette maison.

Claudio
Je le connais ; c'est le fils d'Hermia, notre voisine. Qu'avez-vous répondu à cela ?

Marianne
Il ne s'agit pas de ce que j'ai répondu. Comprenez-vous ce que je dis ? Donnez ordre à vos gens qu'ils ne laissent entrer ni cet homme ni son ami. Je m'attends à quelque importunité[4] de leur part, et je suis bien aise de l'éviter.

Elle sort.

| **4.** Démarche déplacée, hors de propos et désagréable.

Les Caprices de Marianne

Geneviève Page (Marianne) et Georges Wilson (Claudio),
Paris, TNP, novembre 1958, mise en scène de Jean Vilar.

Claudio

Que penses-tu de cette aventure, Tibia ? Il y a quelque ruse là-dessous.

Tibia

Vous croyez, monsieur ?

Claudio

Pourquoi n'a-t-elle pas voulu dire ce qu'elle a répondu ? La déclaration est impertinente, il est vrai ; mais la réponse mérite d'être connue. J'ai le soupçon que ce Cœlio est l'ordonnateur de toutes ces guitares.

Tibia

Défendre votre porte à ces deux hommes est un moyen excellent de les éloigner.

Claudio

Rapporte-t'en à moi. – Il faut que je fasse part de cette découverte à ma belle-mère. J'imagine que ma femme me trompe, et que toute cette fable est une pure invention pour me faire prendre le change[5], et troubler entièrement mes idées.

Ils sortent.

| **5.** Pour me tromper, m'abuser.

Questions

Repérer et analyser

Le lieu et le temps

1 Dans quel lieu et à quel moment de la journée la conversation entre Claudio et Tibia se déroule-t-elle ?

L'enchaînement des scènes

2 a. À quelle réplique de la scène 1 la première réplique de Claudio fait-elle suite ?

b. « Quel spadassin ? Celui que vous avez demandé » (l. 34-35) : retrouvez la réplique de la scène 1 dans laquelle il est fait allusion à ce spadassin. Dans quelle intention Claudio l'a-t-il engagé ?

La progression du dialogue

3 Relisez les lignes 1 à 38.
a. Quels différents sujets Claudio et Tibia abordent-ils dans leur conversation ?
b. Leurs propos s'enchaînent-ils de façon logique ? Comment passent-ils d'un sujet à l'autre ?
c. Montrez, en citant le texte, qu'ils finissent par revenir à leur sujet premier.

L'action

Les péripéties

> Au théâtre, une péripétie est un événement imprévu qui produit un brusque retournement de situation.

4 a. En quoi la révélation de Marianne constitue-t-elle une péripétie ?
b. Quelle interprétation Claudio donne-t-il de l'attitude de Marianne ? Cette interprétation est-elle raisonnée ? Justifiez votre réponse.

Acte I, scène 3

Les personnages

Claudio

5 Rappelez quelle est la profession de Claudio. Montrez, en citant le texte, que sa profession ne cesse de transparaître dans ses propos.

Marianne

6 a. Sur quel ton Marianne s'adresse-t-elle à son mari ? Appuyez-vous sur les types de phrases pour répondre.
b. Pour quelle raison, selon vous, Marianne ne communique-t-elle pas à son mari la réponse qu'elle a faite à Octave ? Quel premier « caprice » Marianne fait-elle ?

La mère de Marianne

7 a. Le spectateur a-t-il vu sur scène la mère de Marianne ? Combien de fois est-elle mentionnée ici ? par qui ?
b. Quel rôle joue-t-elle dans la vie du couple ?

Le comique

Le comique peut naître :
– des mots : jeu sur les mots, injures, répétitions, menaces… ;
– des gestes : mimiques, déguisements… ;
– des situations : quiproquo, renversement de situation… ;
– des caractères : manies, obsessions, traits de caractère qui s'écartent de la norme.

8 De quel trait de caractère Claudio fait-il preuve dans cette scène ? En quoi se rend-il ridicule ?
9 Quel rôle Tibia joue-t-il auprès de Claudio ? Montrez, en vous appuyant sur le texte, qu'il est lui aussi ridicule.
10 En quoi le dialogue entre Claudio et Tibia (l. 1 à 38) est-il comique ? De quel type de comique s'agit-il ?

La visée et les attentes du spectateur

11 Quels éléments visent à amuser le spectateur ? Quels éléments sont inquiétants ? Pour répondre, dites quel rôle peut jouer le spadassin engagé puis congédié par Claudio (l. 32 à 36).

Les Caprices de Marianne

12 a. Le spectateur peut-il présager un dénouement heureux ou malheureux ?
b. En quoi Marianne peut-elle être considérée comme l'instrument du destin de Cœlio ?

Écrire

Rédiger le portrait d'un personnage

13 En fonction des informations contenues dans les scènes 1 et 3 de l'acte I, rédigez, en cinq ou six lignes, le portrait physique et moral de Claudio, tel qu'il pourrait apparaître dans la didascalie initiale si elle était développée.

Jouer la scène

14 Interprétez la scène en tenant compte du changement d'attitude de Claudio après les révélations de Marianne. Travaillez l'intonation, les gestes et les mouvements des personnages. La tonalité de la scène, d'abord comique, doit évoluer vers l'inquiétude.

Lire et comparer

Le Barbier de Séville de Beaumarchais

15 Lisez *Le Barbier de Séville* de Beaumarchais et comparez ensuite les caractères et les goûts de Claudio et Bartholo. En quoi ces deux personnages se ressemblent-ils ? Lequel vous semble le plus dangereux ? pourquoi ?

Faire le point sur l'acte I

Le lieu

1 a. Énumérez les lieux dans lesquels l'acte I se déroule.
b. L'unité de lieu est-elle respectée ?
c. Quels problèmes de mise en scène ces changements de décor posent-ils ?

Le temps

2 a. À quel moment de la journée l'acte I commence-t-il ?
b. Combien de temps dure-t-il ?

L'exposition

3 Résumez en quelques lignes ce que le spectateur apprend sur la situation initiale.

4 Quelle est la fonction de la scène 2 ?

L'action

5 Dans quelle scène et à quel moment l'action commence-t-elle ?

6 Énumérez les événements et les rebondissements qui vont déclencher l'action.

7 Sur quelles interrogations l'acte I se termine-t-il ?

Les personnages

8 a. Quels personnages apparaissent au cours de cet acte ?
b. Quelles relations entretiennent-ils entre eux ?

L'intrigue amoureuse

9 a. Quels obstacles se dressent devant Cœlio à la fin de l'acte I ?
b. Quel est le rôle de la fatalité dans cette intrigue amoureuse ?

Le genre

10 L'acte I des *Caprices de Marianne* est-il un acte de comédie ou oscille-t-il entre plusieurs genres ? Justifiez votre réponse.

Acte II
Scène première

Une rue
Entrent Octave et Ciuta

Octave
Il y renonce, dites-vous ?

Ciuta
Hélas ! pauvre jeune homme ! il aime plus que jamais, et sa mélancolie se trompe elle-même sur les désirs qui le nourrissent. Je croirais presque qu'il se défie de vous, de moi, de tout ce qui l'entoure.

Octave
Non, par le ciel ! je n'y renoncerai pas ; je me sens moi-même une autre Marianne, et il y a du plaisir à être entêté. Ou Cœlio réussira ou j'y perdrai ma langue.

Ciuta
Agirez-vous contre sa volonté ?

Octave
Oui, pour agir d'après la mienne, qui est sa sœur aînée, et pour envoyer aux enfers messer[1] Claudio le juge, que je déteste, méprise et abhorre[2] depuis les pieds jusqu'à la tête.

Ciuta
Je lui porterai donc votre réponse, et, quant à moi, je cesse de m'en mêler.

---

1. Messire, seigneur (vient de l'italien *messere*).
2. Déteste, exècre.

Octave

Je suis comme un homme qui tient la banque d'un pharaon[3] pour le compte d'un autre, et qui a la veine contre lui ; il noierait plutôt son meilleur ami que de céder, et la colère de perdre avec l'argent d'autrui l'enflamme cent fois plus que ne le ferait sa propre ruine.

Entre Cœlio.

Octave

Comment, Cœlio, tu abandonnes la partie ?

Cœlio

Que veux-tu que je fasse ?

Octave

Te défies-tu de moi ? Qu'as-tu ? Te voilà pâle comme la neige. – Que se passe-t-il en toi ?

Cœlio

Pardonne-moi, pardonne-moi ! Fais ce que tu voudras ; va trouver Marianne. – Dis-lui que me tromper, c'est me donner la mort, et que ma vie est dans ses yeux.

Il sort.

Octave

Par le ciel, voilà qui est étrange !

Ciuta

Silence ! vêpres[4] sonnent ; la grille du jardin vient de s'ouvrir ; Marianne sort. – Elle approche lentement.

---

3. Ancien jeu de cartes de hasard et d'argent. Tous les joueurs jouent contre le « banquier ».

4. Office religieux du soir.

Ciuta se retire.
Entre Marianne.

Octave

Belle Marianne, vous dormirez tranquillement. – Le cœur de Cœlio est à une autre, et ce n'est plus sous vos fenêtres qu'il donnera ses sérénades.

Marianne

Quel dommage ! et quel grand malheur de n'avoir pu partager un amour comme celui-là ! Voyez ! comme le hasard me contrarie ! Moi qui allais l'aimer.

Octave

En vérité ?

Marianne

Oui, sur mon âme, ce soir ou demain matin, dimanche au plus tard, je lui appartenais. Qui pourrait ne pas réussir avec un ambassadeur tel que vous ? Il faut croire que sa passion pour moi était quelque chose comme du chinois ou de l'arabe, puisqu'il lui fallait un interprète, et qu'elle ne pouvait s'expliquer toute seule.

Octave

Raillez, raillez ! nous ne vous craignons plus.

Marianne

Ou peut-être que cet amour n'était encore qu'un petit enfant à la mamelle, et vous, comme une sage nourrice, en le menant à la lisière[5], vous l'aurez laissé tomber la tête la première en le promenant par la ville.

---

5. Cordon attaché aux vêtements d'un enfant pour le soutenir quand il commence à marcher.

Acte II, scène 1

Philippine
Leroy-Beaulieu
(Marianne),
théâtre
Montparnasse,
1989-1990,
mise en scène
de Bernard Murat.

Octave

La sage nourrice s'est contentée de lui faire boire d'un certain lait que la vôtre vous a versé sans doute, et généreusement ; vous en avez encore sur les lèvres une goutte qui se mêle à toutes vos paroles.

Marianne

Comment s'appelle ce lait merveilleux ?

Octave

L'indifférence. Vous ne pouvez ni aimer ni haïr, et vous êtes comme les roses du Bengale, Marianne, sans épine et sans parfum.

Marianne

Bien dit. Aviez-vous préparé d'avance cette comparaison ? Si vous ne brûlez pas le brouillon de vos harangues[6], donnez-le moi de grâce, que je les apprenne à ma perruche.

Octave

Qu'y trouvez-vous qui puisse vous blesser ? Une fleur sans parfum n'en est pas moins belle ; bien au contraire, ce sont les plus belles que Dieu a faites ainsi ; et le jour où comme une Galatée[7] d'une nouvelle espèce, vous deviendrez de marbre au fond de quelque église, ce sera une charmante statue que vous ferez, et qui ne laissera pas que de trouver[8] quelque niche respectable dans un confessionnal.

Marianne

Mon cher cousin, est-ce que vous ne plaignez pas le sort des femmes ? Voyez un peu ce qui m'arrive. Il est décrété par

---

6. Discours solennels.
7. Divinité grecque. Pygmalion, roi de Chypre sculpta une statue de Galatée dont il s'éprit. Aphrodite, sur sa demande, l'anima et il l'épousa.
8. Qui ne manquera pas de trouver.

le sort que Cœlio m'aime, ou qu'il croit m'aimer, lequel Cœlio le dit à ses amis, lesquels amis décrètent à leur tour que, sous peine de mort, je serai sa maîtresse. La jeunesse napolitaine daigne m'envoyer en votre personne un digne représentant, chargé de me faire savoir que j'ai à aimer ledit seigneur Cœlio d'ici à une huitaine de jours. Pesez cela, je vous en prie. Si je me rends, que dira-t-on de moi ? N'est-ce pas une femme bien abjecte[9] que celle qui obéit à point nommé, à l'heure convenue, à une pareille proposition ? Ne va-t-on pas la déchirer à belles dents, la montrer du doigt ? et faire de son nom le refrain d'une chanson à boire ? Si elle refuse, au contraire, est-il un monstre qui lui soit comparable ? Est-il une statue plus froide qu'elle, et l'homme qui lui parle, qui ose l'arrêter en place publique son livre de messe à la main, n'a-t-il pas le droit de lui dire : Vous êtes une rose du Bengale sans épine et sans parfum !

OCTAVE

Cousine, cousine, ne vous fâchez pas.

MARIANNE

N'est-ce pas une chose bien ridicule que l'honnêteté et la foi jurée ? que l'éducation d'une fille, la fierté d'un cœur qui s'est figuré qu'il vaut quelque chose, et qu'avant de jeter au vent la poussière de sa fleur chérie, il faut que le calice[10] en soit baigné de larmes, épanoui par quelques rayons de soleil, entrouvert par une main délicate ? Tout cela n'est-il pas un rêve, une bulle de savon que le premier soupir d'un cavalier à la mode doit évaporer dans les airs ?

OCTAVE

Vous vous méprenez sur mon compte et sur celui de Cœlio.

---

9. Méprisable, vile.
10. Vase sacré. En botanique, ensemble des sépales d'une fleur.

Marianne joue ici sur les deux sens du mot.

Marianne

Qu'est-ce après tout qu'une femme ? L'occupation d'un moment, une coupe fragile qui renferme une goutte de rosée, qu'on porte à ses lèvres et qu'on jette par-dessus son épaule. Une femme ! c'est une partie de plaisir ! Ne pourrait-on pas dire quand on en rencontre une : voilà une belle nuit qui passe ? Et ne serait-ce pas un grand écolier en de telles matières, que celui qui baisserait les yeux devant elle, qui se dirait tout bas : « Voilà peut-être le bonheur d'une vie entière », et qui la laisserait passer ?

Elle sort.

Octave, *seul*

Tra, tra, poum ! poum ! tra deri la la. Quelle drôle de petite femme ! Hai ! holà ! (*Il frappe à une auberge.*) Apportez-moi ici, sous cette tonnelle, une bouteille de quelque chose.

Le garçon

Ce qui vous plaira, excellence. Voulez-vous du lacryma-christi[11] ?

Octave

Soit, soit. Allez-vous-en un peu chercher dans les rues d'alentour le seigneur Cœlio, qui porte un manteau noir et des culottes plus noires encore. Vous lui direz qu'un de ses amis est là qui boit tout seul du lacryma-christi. Après quoi, vous irez à la grande place, et vous m'apporterez une certaine Rosalinde qui est rousse et qui est toujours à sa fenêtre. (*Le garçon sort.*) Je ne sais ce que j'ai dans la gorge ; je suis triste comme une procession. (*Buvant.*) Je ferais aussi bien de dîner ici ; voilà le jour qui baisse. Drig ! drig ! quel ennui que

---

| 11. Vin doux provenant des vignes cultivées au pied du Vésuve.

ces vêpres ! Est-ce que j'ai envie de dormir ? je me sens tout pétrifié. (*Entrent Claudio et Tibia.*) Cousin Claudio, vous êtes un beau juge ; où allez-vous si couramment[12] ?

CLAUDIO
Qu'entendez-vous par là, seigneur Octave ?

OCTAVE
J'entends que vous êtes un magistrat qui a de belles formes.

CLAUDIO
De langage, ou de complexion[13] ?

OCTAVE
De langage, de langage. Votre perruque est pleine d'éloquence, et vos jambes sont deux charmantes parenthèses.

CLAUDIO
Soit dit en passant, seigneur Octave, le marteau[14] de ma porte m'a tout l'air de vous avoir brûlé les doigts.

OCTAVE
En quelle façon, juge plein de science ?

CLAUDIO
En y voulant frapper, cousin plein de finesse.

OCTAVE
Ajoute hardiment plein de respect, juge, pour le marteau de ta porte ; mais tu peux le faire peindre à neuf, sans que je craigne de m'y salir les doigts.

---

12. Rapidement.
13. Constitution physique.
14. Heurtoir.

Les Caprices de Marianne

Gérard Philipe (Octave) et Georges Wilson (Claudio),
Paris, TNP, novembre 1958, mise en scène de Jean Vilar.

Acte II, scène 1

Claudio
En quelle façon, cousin plein de facéties[15] ?

Octave
En n'y frappant jamais, juge plein de causticité[16].

Claudio
Cela vous est pourtant arrivé, puisque ma femme a enjoint à ses gens de vous fermer la porte au nez à la première occasion.

Octave
Tes lunettes sont myopes, juge, plein de grâce : tu te trompes d'adresse dans ton compliment.

Claudio
Mes lunettes sont excellentes, cousin plein de riposte : n'as-tu pas fait à ma femme une déclaration amoureuse ?

Octave
À quelle occasion, subtil magistrat ?

Claudio
À l'occasion de ton ami Cœlio, cousin ; malheureusement j'ai tout entendu.

Octave
Par quelle oreille, sénateur incorruptible ?

Claudio
Par celle de ma femme, qui m'a tout raconté, godelureau[17] chéri.

---

15. Plaisanteries.
16. Esprit mordant, incisif.
17. Jeune homme qui fait le joli cœur auprès des femmes.

Octave

Tout absolument, juge idolâtré ? Rien n'est resté dans cette charmante oreille ?

Claudio

Il y est resté sa réponse, charmant pilier de cabaret, que je suis chargé de te faire.

Octave

Je ne suis pas chargé de l'entendre, cher procès-verbal.

Claudio

Ce sera donc ma porte en personne qui te la fera, aimable croupier de roulette[18], si tu t'avises de la consulter.

Octave

C'est ce dont je ne me soucie guère, chère sentence de mort ; je vivrai heureux sans cela.

Claudio

Puisses-tu le faire en repos, cher cornet de passe-dix[19] ! je te souhaite mille prospérités.

Octave

Rassure-toi sur ce sujet, cher verrou de prison ! je dors tranquille comme une audience.

Sortent Claudio et Tibia.

Octave, *seul*

Il me semble que voilà Cœlio qui s'avance de ce côté. Cœlio ! Cœlio ! À qui diable en a-t-il ?

---

18. Employé d'une maison de jeux qui fait tourner la roue et encaisse les gains pour le compte de l'établissement.

19. Jeu de hasard qui se joue à trois dés lancés avec un cornet.

Acte II, scène 1

Entre Cœlio.

Sais-tu, mon cher ami, le beau tour que nous joue ta
160 princesse ! elle a tout dit à son mari !

CŒLIO

Comment le sais-tu ?

OCTAVE

Par la meilleure de toutes les voies possibles. Je quitte à l'instant Claudio. Marianne nous fera fermer la porte au nez, si nous nous avisons de l'importuner davantage.

CŒLIO

165 Tu l'as vue tout à l'heure ; que t'avait-elle dit ?

OCTAVE

Rien qui pût me faire pressentir cette douce nouvelle ; rien d'agréable, cependant. Viens Cœlio, renonce à cette femme. Holà ! un second verre !

CŒLIO

Pour qui ?

OCTAVE

170 Pour toi. Marianne est une bégueule[20] ; je ne sais trop ce qu'elle m'a dit ce matin, je suis resté comme une brute sans pouvoir lui répondre. Allons ! n'y pense plus ; voilà qui est convenu ; et que le ciel m'écrase si je lui adresse jamais la parole. Du courage, Cœlio, n'y pense plus.

CŒLIO

175 Adieu, mon cher ami.

| **20.** Femme très prude, qui se scandalise de la moindre chose.

Lambert Wilson (Octave) et Michel Fabrice (Cœlio),
Les Bouffes du Nord, 1994, mise en scène de Lambert Wilson.

Octave

Où vas-tu ?

Cœlio

J'ai affaire en ville ce soir.

Octave

Tu as l'air d'aller te noyer. Voyons Cœlio, à quoi penses-tu ! Il y a d'autres Mariannes sous le ciel. Soupons ensemble, et moquons-nous de cette Marianne-là.

Cœlio

Adieu, adieu, je ne puis m'arrêter plus longtemps. Je te verrai demain, mon ami.

Il sort.

Octave

Cœlio ! Écoute donc ! nous te trouverons une Marianne bien gentille, douce comme un agneau, et n'allant point à vêpres surtout ! Ah ! les maudites cloches ! quand auront-elles fini de me mener en terre ?

Le garçon, *rentrant*

Monsieur, la demoiselle rousse n'est point à sa fenêtre ; elle ne peut se rendre à votre invitation.

Octave

La peste soit de tout l'univers ! Est-il donc décidé que je souperai seul aujourd'hui ? La nuit arrive en poste[21] ; que diable vais-je devenir ? Bon ! bon ! ceci me convient. (*Il boit.*) Je suis capable d'ensevelir ma tristesse dans ce vin,

---

| **21.** Tombe vite.

ou du moins ce vin dans ma tristesse. Ah ! ah ! les vêpres sont finies ; voici Marianne qui revient.

Entre Marianne.

Marianne

Encore ici, seigneur Octave ? et déjà à table ? C'est un peu triste de s'enivrer tout seul.

Octave

Le monde entier m'a abandonné ; je tâche d'y voir double, afin de me servir à moi-même de compagnie.

Marianne

Comment ! pas un de vos amis, pas une de vos maîtresses, qui vous soulage de ce fardeau terrible, la solitude ?

Octave

Faut-il vous dire ma pensée ? J'avais envoyé chercher une certaine Rosalinde, qui me sert de maîtresse ; elle soupe en ville comme une personne de qualité.

Marianne

C'est une fâcheuse affaire sans doute, et votre cœur en doit ressentir un vide effroyable.

Octave

Un vide que je ne saurais exprimer, et que je communique en vain à cette large coupe. Le carillon des vêpres m'a fendu le crâne pour toute l'après-dînée.

Marianne

Dites-moi, cousin, est-ce du vin à quinze sous la bouteille que vous buvez ?

Octave
N'en riez pas ; ce sont les larmes de Christ en personne.

Marianne
Cela m'étonne que vous ne buviez pas du vin à quinze sous ; buvez-en, je vous en supplie.

Octave
Pourquoi en boirais-je, s'il vous plaît ?

Marianne
Goûtez-en ; je suis sûre qu'il n'y a aucune différence avec celui-là.

Octave
Il y en a une aussi grande qu'entre le soleil et une lanterne.

Marianne
Non, vous dis-je, c'est la même chose.

Octave
Dieu m'en préserve ! Vous moquez-vous de moi ?

Marianne
Vous trouvez qu'il y a une grande différence ?

Octave
Assurément.

Marianne
Je croyais qu'il en était du vin comme des femmes. Une femme n'est-elle pas aussi un vase précieux, scellé comme ce flacon de cristal ? Ne renferme-t-elle pas une ivresse grossière ou divine, selon sa force et sa valeur ? Et n'y a-t-il pas parmi elles le vin du peuple et les larmes du Christ ? Quel misérable cœur

est-ce donc que le vôtre, pour que vos lèvres lui fassent la leçon ? Vous ne boiriez pas le vin que boit le peuple ; vous aimez les femmes qu'il aime ; l'esprit[22] généreux et poétique de ce flacon doré, ces sucs merveilleux que la lave du Vésuve a cuvés sous son ardent soleil, vous conduiront chancelant et sans force dans les bras d'une fille de joie ; vous rougiriez de boire un vin grossier ; votre gorge se soulèverait. Ah ! vos lèvres sont délicates, mais votre cœur s'enivre à bon marché. Bonsoir, cousin ; puisse Rosalinde rentrer ce soir chez elle.

OCTAVE

Deux mots, de grâce, belle Marianne, et ma réponse sera courte. Combien de temps pensez-vous qu'il faille faire la cour à la bouteille que vous voyez pour obtenir ses faveurs ? Elle est, comme vous dites, toute pleine d'un esprit céleste, et le vin du peuple lui ressemble aussi peu qu'un paysan à son seigneur. Cependant, regardez comme elle se laisse faire ! – Elle n'a reçu, j'imagine, aucune éducation, elle n'a aucun principe ; voyez comme elle est bonne fille ! Un mot a suffi pour la faire sortir du couvent ; toute poudreuse encore, elle s'en est échappée pour me donner un quart d'heure d'oubli, et mourir. Sa couronne virginale, empourprée de cire odorante, est aussitôt tombée en poussière, et, je ne puis vous le cacher, elle a failli passer tout entière sur mes lèvres dans la chaleur de son premier baiser.

MARIANNE

Êtes-vous sûr qu'elle en vaut davantage ? Et si vous êtes un de ses vrais amants, n'iriez-vous pas, si la recette en était perdue, en chercher la dernière goutte jusque dans la bouche du volcan ?

| **22.** Partie la plus volatile des corps soumis à la distillation.

Ludmila Mikael (Marianne) et Francis Huster (Octave) à la Comédie Française, 1980, mise en scène de François Beaulieu.

Octave

Elle n'en vaut ni plus ni moins. Elle sait qu'elle est bonne à boire et qu'elle est faite pour être bue. Dieu n'en a pas caché la source au sommet d'un pic inabordable, au fond d'une caverne profonde ; il l'a suspendue en grappes dorées au bord de nos chemins ; elle y fait le métier des courtisanes[23] ; elle y effleure la main du passant ; elle y étale aux rayons du soleil sa gorge rebondie, et toute une cour d'abeilles et de frelons murmure autour d'elle matin et soir. Le voyageur dévoré de soif peut se coucher sous ses rameaux verts : jamais elle ne l'a laissé languir[24], jamais elle ne lui a refusé les douces larmes dont son cœur est plein. Ah ! Marianne, c'est un don fatal que la beauté ! – La sagesse dont elle se vante est sœur de l'avarice, et il y a plus de miséricorde dans le ciel pour ses faiblesses que pour sa cruauté. Bonsoir, cousine ; puisse Cœlio vous oublier.

Il rentre dans l'auberge et Marianne dans sa maison.

| **23.** Prostituées d'un rang assez élevé. | **24.** Attendre, se morfondre.

Questions

Acte II, scène 1

Repérer et analyser

L'enchaînement des actes

Au théâtre, il existe un espace qui figure le lieu de l'action (la scène), et un espace hors scène pour les événements ou dialogues qui n'ont pas lieu sur scène mais qui sont évoqués par les personnages.

1 a. Que s'est-il passé hors scène entre l'acte I et l'acte II ? Par quel personnage les spectateurs l'apprennent-ils ?
b. Montrez, à partir d'indices, qu'Octave poursuit une conversation commencée hors scène.

Le lieu et le temps

2 a. Dans quel lieu l'action se déroule-t-elle ? Appuyez-vous sur la didascalie de lieu.
b. Quel intérêt ce lieu présente-t-il pour le déroulement de l'action ?
c. Dans quel endroit précis Octave s'installe-t-il après sa première rencontre avec Marianne ?

3 a. À quel moment de la journée la scène se déroule-t-elle ? Pour répondre, relevez les répliques des personnages qui l'indiquent et appuyez-vous sur l'heure des vêpres (aidez-vous du dictionnaire).
b. Combien de temps s'est écoulé environ entre l'acte I et l'acte II ?

La structure de la scène

4 a. Repérez les entrées et les sorties des personnages.
b. De combien de parties cette scène se compose-t-elle ?
c. Quel personnage est présent tout au long de la scène et assure son unité ?

Les dialogues

Octave et Ciuta

5 a. Pour quelle raison, selon vous, Ciuta tente-t-elle de décourager Octave d'intervenir auprès de Marianne en faveur de Cœlio ?

Les Caprices de Marianne

b. Qu'y a-t-il d'exact dans le portrait qu'elle fait de Cœlio (l. 2 à 5) ? Retrouvez les répliques dans la scène 1 de l'acte I où Cœlio exprime sa méfiance.

c. Quelle comparaison Octave emploie-t-il pour expliquer son attitude (l. 15 à 19) ? À quel domaine cette comparaison se réfère-t-elle ?

Octave et Cœlio

6 a. Quels types de phrases Cœlio utilise-t-il ? Quel est son état d'esprit lors de son premier entretien avec Octave ?

b. Montrez, en citant le texte, que Cœlio exprime la force de son amour en jouant sur les oppositions entre la vie et la mort.

Octave et Marianne : le premier entretien (l. 30 à 101)

7 Quel effet Octave cherche-t-il à obtenir chez Marianne lorsqu'il lui dit : « Le cœur de Cœlio est à une autre » (l. 30-31) ?

8 L'ironie

> L'ironie consiste à faire entendre le contraire de ce qu'on dit ou à ne pas donner aux mots leur valeur réelle ou complète.

Relevez les traits d'ironie dans la réponse de Marianne (l. 33 à 35).

9 a. Qui le pronom « nous » (l. 43) désigne-t-il ? Expliquez cet emploi de la première personne du pluriel.

b. De quoi Octave accuse-t-il Marianne et à l'aide de quelles métaphores et comparaisons (l. 48 à 55) ?

10 a. Sur quel ton Marianne lui répond-elle (l. 56 à 58) ?

b. Reformulez ses arguments : face à quelle alternative est-elle (l. 73 à 82) ? Quelle en est l'issue de toutes les façons ? Contre quelle image de la femme s'élève-t-elle ensuite (l. 93 à 96) ?

c. Quelles sont les aspirations de Marianne (l. 96 à 101) ?

d. Montrez, en citant des termes précis, qu'elle parodie le style juridique (l. 66 à 82) ?

e. Que regrette la jeune femme ? Relevez les indices qui marquent ce regret.

11 Qui a le dessus dans cet échange verbal ?

Acte II, scène 1

Octave et Claudio

12 a. Les répliques du tac au tac
Montrez que les personnages se répondent mot pour mot dans des structures symétriques. Quel est l'effet produit ?

b. L'apostrophe

> L'apostrophe est un terme par lequel un personnage en appelle un autre.

Relevez les apostrophes par lesquelles Claudio et Octave s'interpellent. En quoi ces formules censées être de politesse sont-elles ironiques ?

13 a. Sur quel aspect de la vie d'Octave les attaques de Claudio portent-elles ?

b. Quelles critiques Octave formule-t-il à son tour envers Claudio ?

14 a. Qui commence à tutoyer l'autre ? Que traduit ce tutoiement ?

b. Quelle progression notez-vous dans l'affrontement ?

15 a. Qu'apprend finalement le juge à son cousin au cours de ce dialogue ?

b. Quel personnage a plutôt le dessus dans cet échange ?

Octave et Cœlio

16 a. De quoi Octave informe-t-il Cœlio lorsqu'il le revoit après son entrevue avec Claudio ?

b. Quel conseil lui donne-t-il ? Quelle est la réaction de Cœlio à cette nouvelle ?

Octave et Marianne : le deuxième entretien (l. 195 à 268)

17 a. Quel personnage prend l'initiative de ce deuxième entretien ? Quel sentiment l'y pousse ?

b. Relevez les traits d'ironie dans les propos de Marianne au début de l'échange.

18 a. Analysez la comparaison développée par Marianne : quel rapprochement fait-elle entre le vin et l'amour ? Pour quelle raison oppose-t-elle le vin grossier au vin raffiné ?

b. Laisse-t-elle entendre qu'elle fait partie des femmes faciles ou de celles qui doivent se mériter ?

c. Quel reproche fait-elle à Cœlio ?

Les Caprices de Marianne

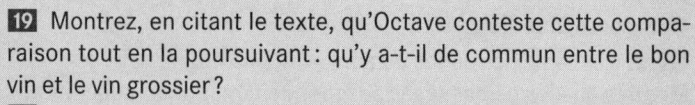

19 Montrez, en citant le texte, qu'Octave conteste cette comparaison tout en la poursuivant : qu'y a-t-il de commun entre le bon vin et le vin grossier ?

20 Quel personnage prend congé de l'autre ? Qui l'emporte dans ce deuxième échange ? pourquoi ?

La conception de l'amour

21 Quelle conception Cœlio a-t-il de l'amour ? Montrez, en citant le texte, que pour lui l'amour est unique.

22 a. Comment Octave conçoit-il l'amour et la femme ? Appuyez-vous sur vos réponses précédentes.
b. Quel sentiment l'emploi du verbe « apporter » dénote-t-il dans l'expression : « Vous m'apporterez une certaine Rosalinde » (l. 110-111).
c. Cherchez la définition du mot « libertin ». En quoi Octave est-il un libertin ?

Le mal du siècle

Les personnages principaux de la pièce éprouvent un mal de vivre que les romantiques appelaient le « mal du siècle » (voir « Se documenter », p. 78).

23 a. La gaieté d'Octave dans cette scène vous paraît-elle feinte ou sincère ? Montrez, en citant le texte, que sous cette gaieté se cachent tristesse et solitude.
b. Comment Octave cherche-t-il à fuir sa solitude ? Y réussit-il ?

24 Montrez que la mélancolie est un trait essentiel du caractère de Cœlio. Pour répondre, relevez :
– la réplique qui signale sa pâleur ;
– le champ lexical de la mort appliqué à Cœlio ;
– les marques du désespoir qui envahit Cœlio lors de son deuxième entretien avec Octave (l. 170 à 182).

25 « J'ai affaire en ville ce soir » (l. 177) : comment interprétez-vous cette réplique ? S'agit-il d'un mensonge pour couper court au dialogue ? Sinon, de quoi peut-il s'agir ?

Acte II, scène 1 77

Les différents registres

26 a. Quels passages se veulent comiques ? En quoi le sont-ils ? Donnez des exemples précis.
b. Relevez les indices du tragique dans cette scène.
Quels personnages concernent-ils ?

Les attentes du spectateur

27 Quelles peuvent être les conséquences de cette scène sur la suite de l'action ? En quoi peuvent-elles être tragiques pour Cœlio ?

Écrire

Inventer des répliques

28 En respectant le style employé, inventez quelques autres répliques du tac au tac que pourraient échanger Claudio et Octave.

Mettre en scène

29 Mettez en scène l'échange entre Octave et Claudio, sans oublier la présence muette mais expressive de Tibia.

Conseils de mise en scène
Un juge est un homme craint et respecté, votre jeu doit montrer l'autorité de Claudio. Le personnage est par ailleurs prétentieux : sa démarche et sa façon de se tenir doivent souligner cet aspect. Claudio est grave, Octave plus souriant. Les piques échangées dans ce dialogue sont comme des passes de duel. Montrez que, malgré l'humour, les deux hommes se disputent âprement.
Pour que la représentation soit comique, les répliques doivent se succéder sur un rythme rapide, sans pauses.

Lire et comparer

On ne badine pas avec l'amour de Musset

30 Lisez la pièce de Musset *On ne badine pas avec l'amour* puis comparez les sentiments et les idées de Marianne à celles de Camille.

Se documenter

Le mal du siècle

Le héros romantique souffre de l'état du monde tel qu'il est et a soif d'absolu (voir la leçon, p. 116). Il est prisonnier de sa souffrance, tel Lorenzo, dans la pièce de Musset *Lorenzaccio* (1834). Lorenzo de Médicis, autrefois jeune homme studieux épris d'idéal, est devenu le compagnon de débauche du duc Alexandre, tyran de Florence, dans le but d'assassiner ce dernier. Il révèle à Philippe Strozzi, dont les deux fils viennent d'être arrêtés, le secret de sa vie.

Acte III, scène 3

Lorenzo.

Tu me demandes pourquoi je tue Alexandre ? Veux-tu donc que je m'empoisonne, ou que je saute dans l'Arno ? veux-tu donc que je sois un spectre, et qu'en frappant sur ce squelette… (*Il frappe sa poitrine.*) il n'en sorte aucun son ? Si je suis l'ombre de moi-même, veux-tu donc que je rompe le seul fil qui rattache aujourd'hui mon cœur à quelques fibres de mon cœur d'autrefois ? Songes-tu que ce meurtre, c'est tout ce qui me reste de ma vertu ? Songes-tu que je glisse depuis deux ans sur un rocher taillé à pic, et que ce meurtre est le seul brin d'herbe où j'aie pu cramponner mes ongles ? Crois-tu donc que je n'aie plus d'orgueil, parce que je n'ai plus de honte, et veux-tu que je laisse mourir en silence l'énigme de ma vie ? Oui, cela est certain, si je pouvais revenir à la vertu, si mon apprentissage du vice pouvait s'évanouir, j'épargnerais peut-être ce conducteur de bœufs –

mais j'aime le vin, le jeu et les filles, comprends-tu cela ? Si tu honores en moi quelque chose, toi qui me parles, c'est mon meurtre que tu honores, peut-être justement parce que tu ne le ferais pas. Voilà assez longtemps, vois-tu, que les républicains me couvrent de boue et d'infamie ; voilà assez longtemps que les oreilles me tintent, et que l'exécration des hommes empoisonne le pain que je mâche. J'en ai assez de me voir conspué par des lâches sans nom, qui m'accablent d'injures pour se dispenser de m'assommer, comme ils le devraient. J'en ai assez d'entendre brailler en plein vent le bavardage humain ; il faut que le monde sache un peu qui je suis, et qui il est. Dieu merci, c'est peut-être demain que je tue Alexandre ; dans deux jours j'aurai fini. Ceux qui tournent autour de moi avec des yeux louches, comme autour d'une curiosité monstrueuse apportée d'Amérique, pourront satisfaire leur gosier, et vider leur sac à paroles. Que les hommes me comprennent ou non, qu'ils agissent ou n'agissent pas, j'aurai dit ce que j'ai à dire ; je leur ferai tailler leurs plumes, si je ne leur fais pas nettoyer leurs piques, et l'Humanité gardera sur sa joue le soufflet de mon épée marqué en traits de sang. Qu'ils m'appellent comme ils voudront, Brutus[1] ou Érostrate[2], il ne me plaît pas qu'ils m'oublient. Ma vie entière est au bout de ma dague, et que la Providence retourne ou non la tête en m'entendant frapper, je jette la nature humaine à pile ou face sur la tombe d'Alexandre – dans deux jours, les hommes comparaîtront devant le tribunal de ma volonté.

Alfred de Musset, *Lorenzaccio*, 1834.

31 Dans quel état d'esprit est Lorenzo lorsqu'il prononce ce monologue ? Pour quelles raisons veut-il tuer Alexandre ?

32 Relevez dans ce passage les indices qui révèlent l'orgueil de Lorenzo. En quoi ce personnage est-il un héros romantique (voir la leçon, p. 116) ?

---

1. Brutus, dont le père avait été assassiné par Tarquin le Superbe, feignait d'être fou pour mieux se venger. Il réussit à chasser les Tarquin et à établir la République.
2. Il incendia, en 356 av. J.-C., le temple d'Artémis à Éphèse, l'une des sept merveilles du monde, pour immortaliser son nom par cet acte.

Acte II
Scène 2

Une autre rue
Cœlio, Ciuta

Ciuta
Seigneur Cœlio, défiez-vous[1] d'Octave. Ne vous a-t-il pas dit que la belle Marianne lui avait fermé sa porte ?

Cœlio
Assurément. – Pourquoi m'en défierais-je ?

Ciuta
Tout à l'heure, en passant dans sa rue, je l'ai vu en conversation avec elle sous une tonnelle couverte.

Cœlio
Qu'y a-t-il d'étonnant à cela ? Il aura épié ses démarches et saisi un moment favorable pour lui parler de moi.

Ciuta
J'entends qu'ils se parlaient amicalement et comme gens qui sont de bon accord ensemble.

Cœlio
En es-tu sûre, Ciuta ? Alors je suis le plus heureux des hommes ; il aura plaidé ma cause avec chaleur.

| **1.** Méfiez-vous.

Ciuta
Puisse le ciel vous favoriser !

Elle sort.

Cœlio
Ah ! que je fusse né dans le temps des tournois et des batailles ! Qu'il m'eût été permis de porter les couleurs de Marianne et de les teindre de mon sang ! Qu'on m'eût donné un rival à combattre, une armée entière à défier ! Que le sacrifice de ma vie eût pu lui être utile ! Je sais agir, mais je ne puis parler. Ma langue ne sert point mon cœur, et je mourrai sans m'être fait comprendre, comme un muet dans une prison.

Il sort.

Questions

Repérer et analyser

Le lieu et le temps

1 a. Dans quel lieu Ciuta rencontre-t-elle Cœlio ? S'agit-il d'un décor intérieur ou extérieur ?
b. Combien de temps s'est-il écoulé depuis la scène précédente ?

Les relations entre les personnages

2 a. Qu'a vu exactement Ciuta ? À quelle scène fait-elle allusion ?
b. Que raconte-t-elle à Cœlio ? Sur quels détails insiste-t-elle ?
c. Que lui laisse-t-elle entendre ?

3 a. Quelle réaction Cœlio a-t-il devant les propos de Ciuta ?
b. Cette réaction est-elle en accord avec son comportement dans les scènes précédentes ? Justifiez votre réponse.
c. Selon vous, Cœlio croit-il à ces propos ? A-t-il oublié qu'Octave lui a demandé de renoncer à Marianne ? dans quelle scène ?

Le personnage de Cœlio

4 a. Relevez les détails qui soulignent que la vie réelle ne convient pas à Cœlio.
b. À quelle époque aurait-il souhaité vivre ? Pour quelles raisons ? Analysez l'expression du regret : identifiez les types de phrases et le mode verbal utilisé.
c. Montrez, en citant le texte, que Cœlio est conduit par une philosophie de l'échec.

5 « Je sais agir mais je ne puis parler » (l. 17) : la conduite du jeune homme confirme-t-elle cette affirmation ? Justifiez votre réponse.

Les attentes du spectateur

6 a. Quel intérêt l'apparition de Ciuta peut-elle présenter pour l'action ?
b. Citez une phrase du monologue de Cœlio qui prend une résonance funèbre et peut-être prémonitoire.

Enquêter

7 Recherchez dans des œuvres du Moyen Âge (Chrétien de Troyes, Béroul…) ou se déroulant à cette époque (Walter Scott, Alexandre Dumas…) des chevaliers dont l'idéal était le même que celui de Cœlio et racontez leurs aventures.

Se documenter

Le retour vers le passé

Les romantiques, déçus par le présent qui les entoure, se tournent parfois, comme Cœlio, vers le passé, source d'idéal.
L'œuvre de Gérard de Nerval (1808-1855) porte l'empreinte de la fascination du poète pour le rêve (« Le rêve est une seconde vie ») et révèle sa sensibilité et ses souvenirs.

« El Desdichado[1] »

Je suis le ténébreux[2], – le veuf, – l'inconsolé,
Le prince d'Aquitaine à la tour abolie[3] :
Ma seule *étoile* est morte, – et mon luth constellé
Porte le *soleil noir* de la *Mélancolie*[4].

Dans la nuit du tombeau, toi qui m'as consolé,
Rends-moi le Pausilippe[5] et la mer d'Italie,
La *fleur* qui plaisait tant à mon cœur désolé,
Et la treille où le pampre à la rose s'allie.

---

1. Le déshérité.
2. Allusion possible à Amadis de Gaule dont le surnom était le Beau Ténébreux.
3. Allusion possible au chevalier Labrunie, installé dans le Périgord, et dont le blason portaient trois tours. Nerval aimait se dire son descendant.
4. Allusion au dessin d'Albert Dürer.
5. Promontoire de la baie de Naples.

Les Caprices de Marianne

Suis-je Amour ou Phébus ?... Lusignan[6] ou Biron[7] ?
Mon front est rouge encor du baiser de la reine[8] ;
J'ai rêvé dans la grotte où nage la sirène...

Et j'ai deux fois vainqueur traversé l'Achéron[9] :
Modulant tour à tour sur la lyre d'Orphée[10]
Les soupirs de la sainte et les cris de la fée[11].

Gérard de Nerval, *Les Chimères*,
« El Desdichado », 1854.

8 Relevez, dans ce sonnet, le champ lexical de la tristesse et de la solitude.
9 Quels souvenirs heureux le poète évoque-t-il ? À qui ces souvenirs sont-ils liés ?
10 Comment le poète tente-t-il de surmonter sa souffrance ?

---

6. Époux de la fée Mélusine.
7. Ami de Henri IV.
8. Adrienne, descendante des Valois.
9. Fleuve des enfers.
10. Poète descendu aux Enfers pour rechercher son épouse Eurydice
11. La sainte et la fée sont les deux visages de la femme aimée.

Acte II
Scène 3

Chez Claudio
Claudio, Marianne

Claudio
Pensez-vous que je sois un mannequin[1], et que je me promène sur la terre pour servir d'épouvantail aux oiseaux ?

Marianne
D'où vous vient cette gracieuse idée ?

Claudio
Pensez-vous qu'un juge criminel ignore la valeur des mots, et qu'on puisse se jouer de sa crédulité comme de celle d'un danseur ambulant ?

Marianne
À qui en avez-vous ce soir ?

Claudio
Pensez-vous que je n'ai pas entendu vos propres paroles : Si cet homme ou son ami se présente à ma porte, qu'on la lui fasse fermer ? et croyez-vous que je trouve convenable de vous voir converser librement avec lui sous une tonnelle, lorsque le soleil est couché ?

Marianne
Vous m'avez vue sous une tonnelle ?

---

1. Figure d'homme articulée.

Claudio

Oui, oui, de ces yeux que voilà, sous la tonnelle d'un cabaret ! La tonnelle d'un cabaret n'est point un lieu de conversation pour la femme d'un magistrat, et il est inutile de faire fermer sa porte, quand on se renvoie le dé[2] en plein air avec si peu de retenue.

Marianne

Depuis quand m'est-il défendu de causer avec un de vos parents ?

Claudio

Quand un de mes parents est un de vos amants, il est fort bien fait de s'en abstenir.

Claude Brosset (Claudio) et Marjorie Frantz (Marianne), théâtre Mouffetard, 1994, mise en scène de Anne Saint Mor.

| **2.** Ici, discute, converse.

Marianne

Octave ! un de mes amants ? Perdez-vous la tête ? Il n'a de sa vie fait la cour à personne.

Claudio

Son caractère est vicieux. – C'est un coureur de tabagies[3].

Marianne

Raison de plus pour qu'il ne soit pas, comme vous dites fort agréablement, *un de mes amants*. – Il me plaît de parler à Octave sous la tonnelle d'un cabaret.

Claudio

Ne me poussez pas à quelque fâcheuse extrémité par vos extravagances, et réfléchissez à ce que vous faites.

Marianne

À quelle extrémité voulez-vous que je vous pousse ? Je suis curieuse de savoir ce que vous feriez.

Claudio

Je vous défendrais de le voir, et d'échanger avec lui aucune parole, soit dans ma maison, soit dans une maison tierce, soit en plein air.

Marianne

Ah ! ah ! vraiment ! Voilà qui est nouveau ! Octave est mon parent tout autant que le vôtre ; je prétends lui parler quand bon me semblera, en plein air ou ailleurs, et dans cette maison, s'il lui plaît d'y venir.

---

[3]. Établissements où l'on fume.
Ici, lieux de mauvaise fréquentation.

Claudio

Souvenez-vous de cette dernière phrase que vous venez de prononcer. Je vous ménage[4] un châtiment exemplaire, si vous allez contre ma volonté.

Marianne

Trouvez bon que j'aille d'après la mienne, et ménagez-moi ce qui vous plaît. Je m'en soucie comme de cela.

Claudio

Marianne, brisons cet entretien. Ou vous sentirez l'inconvenance de s'arrêter sous une tonnelle, ou vous me réduirez à une violence qui répugne à mon habit.

Il sort.

Marianne, *seule*

Holà ! quelqu'un ! (*Un domestique entre.*) Voyez-vous là-bas dans cette rue ce jeune homme assis devant une table, sous cette tonnelle ? Allez lui dire que j'ai à lui parler, et qu'il prenne la peine d'entrer dans ce jardin. (*Le domestique sort.*) Voilà qui est nouveau ! Pour qui me prend-on ? Quel mal y a-t-il donc ? Comment suis-je donc faite aujourd'hui ? Voilà une robe affreuse. Qu'est-ce que cela signifie ? « Vous me réduirez[5] à la violence ! » Quelle violence ? Je voudrais que ma mère fût là. Ah, bah ! Elle est de son avis, dès qu'il dit un mot. J'ai une envie de battre quelqu'un ! (*Elle renverse les chaises.*) Je suis bien sotte en vérité ! voilà Octave qui vient. – Je voudrais qu'il le rencontrât. – Ah ! c'est donc là le commencement ? On me l'avait prédit. – Je le savais. – Je m'y attendais ! Patience, patience. Il me ménage un châtiment ! Et lequel, par hasard ? Je voudrais bien savoir ce qu'il veut dire ! (*Entre Octave.*) Asseyez-vous, Octave, j'ai à vous parler.

| **4.** Prépare. | **5.** Contraindrez, obligerez.

Nicole Garcia (Marianne), théâtre national de Strasbourg,
1975, mise en scène de Jean-Pierre Bisson.

Octave

Où voulez-vous que je m'assoie ? Toutes les chaises sont les quatre fers en l'air. – Que vient-il donc de se passer ici ?

Marianne

Rien du tout.

Octave

En vérité, cousine, vos yeux disent le contraire.

MARIANNE
J'ai réfléchi à ce que vous m'avez dit sur le compte de votre ami Cœlio. Dites-moi, pourquoi ne s'explique-t-il pas lui-même ?

OCTAVE
Par une raison assez simple. – Il vous a écrit, et vous avez déchiré ses lettres. Il vous a envoyé quelqu'un, et vous lui avez fermé la bouche. Il vous a donné des concerts, vous l'avez laissé dans la rue. Ma foi, il s'est donné au diable, et on s'y donnerait à moins.

MARIANNE
Cela veut dire qu'il a songé à vous ?

OCTAVE
Oui.

MARIANNE
Eh bien ! parlez-moi de lui.

OCTAVE
Sérieusement ?

MARIANNE
Oui, oui, sérieusement. Me voilà. J'écoute.

OCTAVE
Vous voulez rire ?

MARIANNE
Quel pitoyable avocat êtes-vous donc ? Parlez, que je veuille rire ou non.

Octave

Que regardez-vous à droite et à gauche ? En vérité, vous êtes en colère.

Marianne

Je veux prendre un amant, Octave…, sinon un amant, du moins un cavalier[6]. Qui me conseillez-vous ? Je m'en rapporte à votre choix : – Cœlio ou tout autre, peu m'importe ; – dès demain, – dès ce soir, – celui qui aura la fantaisie de chanter sous mes fenêtres trouvera ma porte entrouverte. Eh bien ! vous ne parlez pas ? Je vous dis que je prends un amant. Tenez, voilà mon écharpe en gage : – qui vous voudrez, la rapportera.

Octave

Marianne ! quelle que soit la raison qui a pu vous inspirer une minute de complaisance, puisque vous m'avez appelé, puisque vous consentez à m'entendre, au nom du ciel, restez la même une minute encore, permettez-moi de vous parler !

Il se jette à genoux.

Marianne

Que voulez-vous me dire ?

Octave

Si jamais homme au monde a été digne de vous comprendre, digne de vivre et de mourir pour vous, cet homme est Cœlio. Je n'ai jamais valu grand-chose, et je me rends cette justice, que la passion dont je fais l'éloge trouve un misérable interprète. Ah ! si vous saviez sur quel autel sacré vous êtes adorée comme un dieu ! Vous, si belle, si jeune, si pure encore,

| **6.** Chevalier servant.

Les Caprices de Marianne

Gérard Philipe (Octave) et Geneviève Page (Marianne),
Paris, TNP, novembre 1958, mise en scène de Jean Vilar.

livrée à un vieillard qui n'a plus de sens[7], et qui n'a jamais eu de cœur ! Si vous saviez quel trésor de bonheur, quelle mine féconde repose en vous ! en lui ! dans cette fraîche aurore de jeunesse, dans cette rosée céleste de la vie, dans ce premier accord de deux âmes jumelles ! Je ne vous parle pas de sa souffrance, de cette douce et triste mélancolie qui ne s'est jamais lassée de vos rigueurs, et qui en mourrait sans se plaindre. Oui, Marianne, il en mourra. Que puis-je vous dire ? qu'inventerais-je pour donner à mes paroles la force qui leur manque ? Je ne sais pas le langage de l'amour. Regardez dans votre âme ; c'est elle qui peut vous parler de la sienne. Y a-t-il un pouvoir capable de vous toucher ? Vous qui savez supplier Dieu, existe-t-il une prière qui puisse rendre ce dont mon cœur est plein ?

Marianne

Relevez-vous, Octave. En vérité, si quelqu'un entrait ici, ne croirait-on pas, à vous entendre, que c'est pour vous que vous plaidez ?

Octave

Marianne ! Marianne ! Au nom du ciel, ne souriez pas ! Ne fermez pas votre cœur au premier éclair qui l'ait peut-être traversé ! Ce caprice de bonté, ce moment précieux va s'évanouir. – Vous avez prononcé le nom de Cœlio ; vous avez pensé à lui, dites-vous. Ah ! si c'est une fantaisie, ne me la gâtez pas. – Le bonheur d'un homme en dépend.

Marianne

Êtes-vous sûr qu'il ne me soit pas permis de sourire ?

| **7.** Qui n'a plus sa raison, qui est fou.

Octave

Oui, vous avez raison ; je sais tout le tort que mon amitié peut faire. Je sais qui je suis, je le sens ; un pareil langage dans ma bouche a l'air d'une raillerie. Vous doutez de la sincérité de mes paroles ; jamais peut-être je n'ai senti avec plus d'amertume qu'en ce moment le peu de confiance que je puis inspirer.

Marianne

Pourquoi cela ? vous voyez que j'écoute. Cœlio me déplaît ; je ne veux pas de lui. Parlez-moi de quelque autre, de qui vous voudrez. Choisissez-moi dans vos amis un cavalier digne de moi ; envoyez-le-moi, Octave. Vous voyez que je m'en rapporte à vous.

Octave

Ô femme trois fois femme ! Cœlio vous déplaît – mais le premier venu vous plaira. L'homme qui vous aime depuis un mois, qui s'attache à vos pas, qui mourrait de bon cœur sur un mot de votre bouche, celui-là vous déplaît ! Il est jeune, beau, riche et digne en tout point de vous ; mais il vous déplaît ! et le premier venu vous plaira !

Marianne

Faites ce que je vous dis, ou ne me revoyez pas.

Elle sort.

Octave, *seul*

Ton écharpe est bien jolie, Marianne, et ton petit caprice de colère est un charmant traité de paix. – Il ne me faudrait pas beaucoup d'orgueil pour le comprendre : un peu de perfidie suffirait. Ce sera pourtant Cœlio qui en profitera.

Il sort.

Questions

Acte II, scène 3

Repérer et analyser

Le lieu, le temps et l'action

1 Où la scène se déroule-t-elle ? à quel moment de la journée ? Relevez la didascalie et la phrase qui l'indiquent avec précision.

2 De quelle scène Claudio a-t-il été le témoin oculaire ? Comment a-t-il interprété ce qu'il a vu ?

3 a. Quelles menaces Claudio laisse-t-il planer avant de quitter Marianne ?
b. Comment Marianne réagit-elle devant son mari et après son départ ?
c. À quel « caprice » Marianne se laisse-t-elle aller ? Quelle décision a-t-elle prise ?

4 En quoi cette scène contribue-t-elle à la progression dramatique ?

La progression de la scène

Le dialogue entre Claudio et Marianne

5 a. Quels reproches Claudio fait-il à Marianne ?
b. Quelle image a-t-il de son épouse ? Relevez la phrase qui montre qu'il est magistrat avant d'être époux.
c. Sur quel ton Claudio s'adresse-t-il à Marianne ? Appuyez-vous sur le lexique de l'interdiction et de la menace, sur le type de phrases et sur l'anaphore des lignes 1 à 12. Quelles tournures semblent imiter un arrêt de justice ?

6 a. Les menaces de Claudio impressionnent-elles Marianne ? Appuyez-vous sur des expressions précises.
b. Sur quel ton Marianne répond-elle, lignes 3 à 24 ? Par quel type de phrases ? Relevez les verbes qui marquent sa volonté et sa révolte.

7 Quel effet les paroles de Marianne ont-elles sur Claudio ?

Le monologue de Marianne

8 De quoi Marianne prend-elle conscience dans cette scène ?

9 Quels rapports Marianne entretient-elle avec sa mère ? De quelles paroles prononcées dans la scène 3 de l'acte I peut-on rapprocher les remarques qu'elle fait sur sa mère ?

Les Caprices de Marianne

10 a. Relevez les marques de l'émotion (longueur et enchaînement des phrases, type de phrases, gestes…).
b. Expliquez la phrase : « Ah ! c'est donc le commencement » (l. 59).
c. Quel sentiment pousse Marianne à aller faire chercher Octave ?

Octave et Marianne

11 Marianne est-elle intéressée par l'amour de Cœlio ? Appuyez-vous sur des expressions précises.

12 Octave, s'exprimant au nom de Cœlio, est-il convaincant ? Pour répondre, analysez les procédés de persuasion.
a. L'hyperbole

> L'hyperbole est l'expression d'une exagération.

Relevez les hyperboles par lesquelles Octave caractérise Marianne. Font-elles d'elle un portrait flatteur ?
b. La prétérition

> La prétérition est une figure de style par laquelle on dit que l'on ne va pas dire ce que l'on dit pour mieux le faire savoir. *Exemple* : je ne vous parlerai pas de…

Relevez une prétérition (l. 99 à 118) : quels sentiments de Cœlio Octave met-il en avant ? Quelle phrase apparaît comme prophétique ?
c. Relevez les types de phrases et le lexique de la supplication.
d. Relevez le lexique valorisant qui caractérise Cœlio.

13 Montrez, à partir d'exemples, que les tirades d'Octave ont un caractère lyrique (passages dans lesquels il se livre à des confidences et analyse ses sentiments personnels).

14 a. Est-ce seulement parce qu'il lui déplaît que Marianne refuse Cœlio à la fin de l'entretien ? Montrez, en citant le texte, qu'elle s'offre à mots couverts à Octave.
b. Pour quelle raison Octave se refuse-t-il à comprendre ? En quoi l'expression « le premier venu » (l. 139-140) est-elle ambiguë ?
c. Quel reproche Octave fait-il à Marianne en s'exclamant : « Ô femme trois fois femme ! » (l. 139) ?

15 Sur quel ton Marianne clôt-elle l'entretien avec Octave ? A-t-elle obtenu d'Octave la réponse qu'elle espérait ? Quelle réponse lui a-t-elle elle-même donnée ?

Acte II, scène 3

Les personnages

Octave

16 **a.** Octave est-il lucide sur lui-même et sur les autres ? Quelle image donne-t-il de lui ?
b. Pour quelle raison plaide-t-il aussi bien la cause de son ami ?
c. Montrez qu'Octave n'est pas dupe de la proposition de Marianne.
d. De quelles qualités fait-il preuve à la fin de la scène ?
e. Derrière son attitude libertine, à quoi aspire-t-il lui aussi ?

Marianne

17 « Pour qui me prend-on ? » (l. 52) : en quoi, par cette réplique, Marianne laisse-t-elle éclater son amour-propre ? Quelles sont les autres manifestations de cet amour-propre ?

18 Montrez qu'elle se comporte en femme libre et indépendante mais qu'elle est aussi seule et qu'elle souffre de cette solitude.

Les symboles

Les symboles sont la représentation concrète d'une réalité abstraite. *Exemple* : la colombe est le symbole de la paix.

19 Quel symbole représentent les chaises renversées par Marianne ?
20 Quel objet Marianne donne-t-elle à Octave ? De quel symbole est-il le gage ?

La visée

La satire

La satire est une critique moqueuse de la société, d'un individu, d'un défaut…

21 **a.** Montrez que dans cette scène Musset fait la satire du conformisme social : en quoi la société est-elle dominée par le poids des conventions sociales et des apparences ?
b. En quoi ce poids est-il un obstacle à l'idéal d'authenticité, au bonheur ?

Les Caprices de Marianne

Le titre de la pièce

22 **a.** Que traduit l'emploi du verbe « vouloir » dans l'expression « je veux prendre un amant » (l. 86) ?
b. Quel personnage prononce deux fois le mot « caprice » ? De quelles expansions ce mot est-il précédé ou suivi ?
c. En quoi cette scène justifie-t-elle le titre de la pièce ? Marianne se livre-t-elle à des caprices ? Ou entend-elle choisir elle-même son amant sans autre considération ?

Écrire

Écrire une lettre

23 Marianne écrit à une amie pour lui raconter sa dispute avec Claudio et lui exprimer son indignation et sa révolte devant l'attitude de son mari. Votre texte devra respecter les caractéristiques du genre épistolaire. Vous respecterez aussi la situation de la scène et les informations données sur les personnages. La lettre comportera plusieurs formes de discours : narratif, explicatif, argumentatif.

Écrire un récit d'imagination

24 Vos parents ou un de vos amis vous adressent des reproches que vous trouvez injustifiés.
Racontez, en précisant les circonstances, vos réactions et la façon dont s'est terminée la scène.

Se documenter

La condition des femmes au XIXe siècle

D'abord soumise à l'autorité du père, la femme se retrouve, suite au mariage, sous la tutelle de son mari dont elle dépend entièrement. Dans *La Duchesse de Langeais*, dont voici un extrait, Balzac (1799-1850) peint le portrait d'une femme de la haute société parisienne, Antoinette de Navarreins.

La duchesse de Langeais était une Navarreins, famille ducale, qui, depuis Louis XIV, avait pour principe de ne point abdiquer son titre dans ses alliances. Les filles de cette maison devaient avoir tôt ou tard, de même que leur mère, un tabouret à la cour. À l'âge de dix-huit ans, Antoinette de Navarreins sortit de la profonde retraite où elle avait vécu pour épouser le fils aîné du duc de Langeais. Les deux familles étaient alors éloignées du monde ; mais l'invasion de la France faisait présumer aux royalistes le retour des Bourbons comme la seule conclusion possible aux malheurs de la guerre. Les ducs de Navarreins et de Langeais, restés fidèles aux Bourbons, avaient noblement résisté à toutes les séductions de la gloire impériale, et, dans les circonstances où ils se trouvaient lors de cette union, ils durent naturellement obéir à la vieille politique de leurs familles. Mademoiselle Antoinette de Navarreins épousa donc, belle et pauvre, monsieur le marquis de Langeais, dont le père mourut quelques mois après ce mariage. Au retour des Bourbons, les deux familles reprirent leur rang, leurs charges, leurs dignités à la cour, et rentrèrent dans le mouvement social, en dehors duquel elles s'étaient tenues jusqu'alors. Elles devinrent les plus éclatantes sommités de ce nouveau monde politique. Dans ce temps de lâchetés et de fausses conversions, la conscience publique se plut à reconnaître à ces deux familles la fidélité sans tache, l'accord entre la vie privée et le caractère politique, auxquels tous les partis rendent involontairement hommage. Mais, par un malheur assez commun dans les temps de transaction, les personnes les plus pures et qui, par l'élévation de leurs vues, la sagesse de leurs principes, auraient fait croire en France à la générosité d'une politique neuve et hardie, furent écartées des affaires, qui tombèrent entre les mains de gens intéressés à porter les principes à l'extrême, pour faire preuve de dévouement. Les familles de Langeais et de Navarreins restèrent dans la haute sphère de la cour, condamnées aux devoirs de l'étiquette ainsi qu'aux reproches et aux moqueries du libéralisme, accusées de se gorger d'honneurs et de richesses, tandis que leur patrimoine ne s'augmenta point, et que les libéralités de la Liste Civile[1] se consumèrent en frais de représentation, nécessaires à toute monarchie européenne, fût-elle même républicaine. En 1818, monsieur le duc de Langeais commandait une division militaire, et la duchesse avait, près d'une princesse, une place qui l'autorisait à demeurer à Paris, loin de son mari, sans scandale. D'ailleurs, le duc avait, outre son commandement, une charge à la cour, où il venait, en laissant, pendant son quartier, le commandement à un maréchal-de-camp. Le duc et la duchesse vivaient donc entièrement séparés, de fait et de cœur, à l'insu du monde. Ce mariage de convention avait eu le sort assez habituel de ces pactes de famille. Les deux caractères les plus antipathiques du monde s'étaient trouvés en présence, s'étaient froissés secrètement, secrètement blessés, désunis à jamais. Puis, chacun d'eux avait obéi à sa nature et aux convenances. Le duc de Langeais, esprit aussi méthodique que pouvait l'être le chevalier de Folard[2], se livra méthodiquement à ses goûts, à ses plaisirs, et laissa sa femme libre de suivre les siens, après avoir reconnu chez elle un esprit éminemment orgueilleux, un cœur froid, une grande soumission aux usages du monde, une loyauté jeune, et qui devait rester pure sous les yeux des grands-parents, à la lumière d'une cour prude et religieuse. Il fit donc à froid le grand seigneur du siècle précédent, abandonnant à elle-même une femme de vingt-deux ans, offensée gravement, et qui avait dans le caractère une épouvantable qualité, celle de ne jamais pardonner une offense quand toutes ses vanités de femme, quand son amour-propre, ses vertus peut-être, avaient été méconnus, blessés occultement. Quand un outrage est public, une femme aime à l'oublier, elle a des chances pour se grandir, elle est femme dans sa clémence ; mais les femmes n'absolvent jamais de secrètes offenses, parce qu'elles n'aiment ni les lâchetés, ni les vertus, ni les amours secrètes.

Balzac, *La Duchesse de Langeais*, chapitre II, 1833.

1. Somme allouée annuellement au roi.
2. Jean-Charles de Folard (1669-1752) a laissé des ouvrages de tactique militaire.

Acte II
Scène 4

Chez Cœlio
Cœlio, un domestique

Cœlio
Il est en bas, dites-vous ? Qu'il monte. Pourquoi ne le faites-vous pas monter sur-le-champ ? (*Entre Octave.*) Eh bien ! mon ami, quelle nouvelle ?

Octave
Attache ce chiffon à ton bras droit, Cœlio ; prends ta guitare et ton épée. – Tu es l'amant de Marianne.

Cœlio
Au nom du ciel, ne te ris pas de moi.

Octave
La nuit est belle ; – la lune va paraître à l'horizon. Marianne est seule, et sa porte est entrouverte. Tu es un heureux garçon, Cœlio.

Cœlio
Est-ce vrai ? – est-ce vrai ? Ou tu es ma vie, Octave, ou tu es sans pitié.

Octave
Tu n'es pas encore parti ? Je te dis que tout est convenu. Une chanson sous la fenêtre ; cache-toi un peu le nez dans ton manteau, afin que les espions du mari ne te reconnaissent pas. Sois sans crainte, afin qu'on te craigne ; et si elle résiste, prouve-lui qu'il est un peu tard.

Les Caprices de Marianne

Jean-Pierre Lorit (Cœlio) et André Dussolier (Octave),
théâtre Montparnasse, 1989-1990, mise en scène de Bernard Murat.

Cœlio

Ah ! mon Dieu, le cœur me manque.

Octave

Et à moi aussi, car je n'ai dîné qu'à moitié. – Pour récompense de mes peines, dis en sortant qu'on me monte à souper. (*Il s'assoit.*) As-tu du tabac turc ? Tu me retrouveras probablement ici demain matin. Allons, mon ami, en route ! tu m'embrasseras en revenant. En route ! en route ! la nuit s'avance.

Cœlio sort.

Octave, *seul*

Écris sur tes tablettes, Dieu juste, que cette nuit doit m'être comptée dans ton paradis. Est-ce bien vrai que tu as un paradis ? En vérité cette femme était belle, et sa petite colère lui allait bien. D'où venait-elle ? c'est ce que j'ignore. Qu'importe comment la bille d'ivoire tombe sur le numéro que nous avons appelé ? Souffler une maîtresse à son ami, c'est une rouerie[1] trop commune pour moi. Marianne ou toute autre, qu'est-ce que cela me fait ? La véritable affaire est de souper ; il est clair que Cœlio est à jeun. Comme tu m'aurais détesté, Marianne, si je t'avais aimée ! comme tu m'aurais fermé ta porte ! comme ton bélître[2] de mari t'aurait paru un Adonis[3], un Sylvain[4], en comparaison de moi ! Où est donc la raison de tout cela ? pourquoi la fumée de cette pipe va-t-elle à droite plutôt qu'à gauche ? Voilà la raison de tout. – Fou ! trois fois fou à lier, celui qui calcule ses chances, qui met la raison de son côté ! La justice céleste tient une balance

---

1. Ruse, fourberie.
2. Homme de rien (forme péjorative).
3. Jeune homme très beau aimé de la déesse Aphrodite.
4. Divinité romaine, protectrice des bois et des champs.

dans ses mains. La balance est parfaitement juste, mais tous les poids sont creux. Dans l'un il y a une pistole, dans l'autre un soupir amoureux, dans celui-là une migraine, dans celui-ci il y a le temps qu'il fait, et toutes les actions humaines s'en vont de haut en bas, selon ces poids capricieux.

Un domestique, *entrant*

Monsieur, voilà une lettre à votre adresse ; elle est si pressée que vos gens l'ont apportée ici ; on a recommandé de vous la remettre, en quelque lieu que vous fussiez ce soir.

Octave

Voyons un peu cela.

Il lit.
« Ne venez pas ce soir. Mon mari a entouré la maison d'assassins, et vous êtes perdu s'ils vous trouvent.
« Marianne »
Malheureux que je suis ! qu'ai-je fait ? Mon manteau ! mon chapeau ! Dieu veuille qu'il soit encore temps ! Suivez-moi, vous, et tous les domestiques qui sont debout à cette heure. Il s'agit de la vie de votre maître.

Il sort en courant.

Acte II
Scène 5

Le jardin de Claudio. Il est nuit
Claudio, deux spadassins, Tibia

CLAUDIO
Laissez-le entrer, et jetez-vous sur lui dès qu'il sera parvenu à ce bosquet.

TIBIA
Et s'il entre par l'autre côté ?

CLAUDIO
Alors, attendez-le au coin du mur.

UN SPADASSIN
Oui, monsieur.

TIBIA
Le voilà qui arrive. Tenez, monsieur. Voyez comme son ombre est grande ! c'est un homme d'une belle stature.

CLAUDIO
Retirons-nous à l'écart, et frappons quand il en sera temps.

Entre Cœlio.

CŒLIO, *frappant à la jalousie*
Marianne, Marianne, êtes-vous là ?

MARIANNE, *paraissant à la fenêtre*
Fuyez, Octave ; vous n'avez donc pas reçu ma lettre ?

Cœlio
Seigneur mon Dieu ! quel nom ai-je entendu ?

Marianne
La maison est entourée d'assassins ; mon mari vous a vu entrer ce soir ; il a écouté notre conversation, et votre mort est certaine, si vous restez une minute encore.

Cœlio
Est-ce un rêve ? suis-je Cœlio ?

Marianne
Octave, Octave, au nom du ciel, ne vous arrêtez pas ! Puisse-t-il être encore temps de vous échapper ! Demain, trouvez-vous, à midi, dans un confessionnal de l'église, j'y serai.

La jalousie se referme.

Cœlio
Ô mort ! puisque tu es là, viens donc à mon secours. Octave, traître Octave, puisse mon sang retomber sur toi ! Puisque tu savais quel sort m'attendait ici, et que tu m'y as envoyé à ta place, tu seras satisfait dans ton désir. Ô mort ! je t'ouvre les bras ; voici le terme de mes maux.

Il sort. On entend des cris étouffés et un bruit éloigné dans le jardin.

Octave, *en dehors*
Ouvrez, ou j'enfonce les portes !

Claudio, *ouvrant, son épée sous le bras*
Que voulez-vous ?

OCTAVE
Où est Cœlio ?

CLAUDIO
Je ne pense pas que son habitude soit de coucher dans cette maison.

OCTAVE
Si tu l'as assassiné, Claudio, prends garde à toi ; je te tordrai le cou de ces mains que voilà.

CLAUDIO
Êtes-vous fou ou somnambule ?

OCTAVE
Ne l'es-tu pas toi-même, pour te promener à cette heure, ton épée sous le bras ?

CLAUDIO
Cherchez dans ce jardin, si bon vous semble ; je n'y ai vu entrer personne ; et si quelqu'un l'a voulu faire, il me semble que j'avais le droit de ne pas lui ouvrir.

OCTAVE, *à ses gens*
Venez, et cherchez partout.

CLAUDIO, *bas à Tibia*
Tout est-il fini, comme je l'ai ordonné ?

TIBIA
Oui, monsieur ; soyez en repos, ils peuvent chercher tant qu'ils voudront.

Tous sortent.

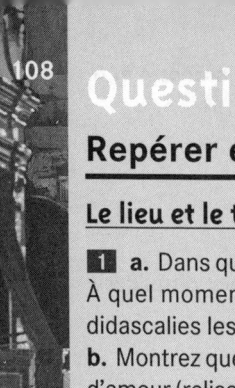

Questions

Repérer et analyser

Le lieu et le temps

1 **a.** Dans quels lieux l'action des scènes 4 et 5 se déroule-t-elle ? À quel moment de la journée ? Relevez dans les répliques et les didascalies les expressions qui le précisent.
b. Montrez que le cadre de la scène 5 est propre à vivre une histoire d'amour (relisez la deuxième réplique d'Octave dans la scène 4) mais propice aussi à une méprise tragique.

La progression de l'action

2 Montrez que l'action se précipite dans ces deux scènes. Quels événements s'y succèdent ?

3 Le renversement de situation

> On dit qu'il y a renversement de situation quand la situation d'un personnage change brutalement du tout au tout.

En quoi y a-t-il renversement de situation pour Cœlio ? Quelle en est la cause ?

4 Le quiproquo

> Un quiproquo est une méprise qui fait prendre quelqu'un pour quelqu'un d'autre ou une chose pour une autre. Un quiproquo peut être tragique ou comique.

a. Quel mot prononcé trois fois par Marianne engendre un quiproquo ?
b. En quoi ce quiproquo consiste-t-il ? Quel personnage en est victime ?
c. Que croit alors Cœlio ? En quoi la situation est-elle tragique ?
d. Que décide-t-il de faire ? pourquoi ?

5 Par quel procédé l'auteur rend-il compte de la mort de Cœlio ? Pourquoi cet assassinat n'a-t-il pas lieu sur scène ?

6 Quel personnage triomphe à la fin de la scène 5 ? pourquoi ?

L'ironie du destin

7 **a.** Relevez les expressions par lesquelles Octave pousse Cœlio à se rendre chez Marianne (l. 12 à 16) ? Quels conseils lui donne-t-il

Acte II, scènes 4 et 5

pour le prémunir de la déception probable de Marianne. Quel mode emploie-t-il ?

b. En quoi ces conseils contribuent-ils à précipiter la mort de Cœlio ?

8 « [...] tu es ma vie » dit Cœlio à Octave, ligne 10 : montrez, après avoir lu les deux scènes, l'ironie de cette remarque.

La progression de la scène

Le dialogue entre Octave et Cœlio

9 a. Sur quel ton Octave s'adresse-t-il à Cœlio au début de la scène 4 ? Appuyez-vous sur le rythme des répliques (longueur des phrases, types de phrases...) dans les lignes 4 à 22.

b. Quels détails laissent deviner que derrière sa gaieté se cache un sentiment de tristesse ?

Le monologue d'Octave et le billet

10 a. Relevez les phrases qui montrent qu'Octave cherche à se persuader qu'il a eu raison de renoncer à Marianne.

b. Quel jugement Octave porte-t-il sur lui-même (l. 23 à 43) ? et sur la vie en général ? Quelles métaphores utilise-t-il ?

11 Relevez les marques qui traduisent l'émotion et la crainte d'Octave après la lecture du billet. Appuyez-vous notamment sur les types de phrases et sur la didascalie finale.

Le dialogue entre Octave et Claudio

12 a. Quel sentiment Octave éprouve-t-il face à Claudio dans la scène 5 ?

b. Que marque le passage au tutoiement ?

c. Quelles menaces le jeune homme profère-t-il à l'encontre de Claudio ?

13 Le cynisme

> Le cynisme est une attitude qui consiste à exprimer sans ménagement des sentiments, des opinions, contraires à la morale reçue.

Relevez les marques du cynisme chez Claudio.

Les Caprices de Marianne

Le registre et la visée

14 À quel moment la pièce bascule-t-elle dans la tragédie ?
15 Quels sentiments cette scène suscite-t-elle chez le spectateur ?

Se documenter

La force de l'amour

Dans *Ruy Blas*, Victor Hugo (1802-1885) met en scène l'histoire de Don Salluste qui, pour se venger de la Reine d'Espagne qui l'a contraint à l'exil, introduit à la Cour, sous le nom de Don César de Bazan, Grand d'Espagne, son valet Ruy Blas, dont il connaît l'amour pour la Reine. Devenu, par la faveur de la Reine, ministre et duc d'Olmedo, Ruy Blas, dans un discours enflammé, reproche aux autres ministres leur corruption. La Reine, cachée, l'a entendu.

Acte III, scène 3
Ruy Blas, la Reine.

La Reine.

Oh ! Merci !

Ruy Blas.
Ciel !

La Reine.
Vous avez bien fait de leur parler ainsi.
Je n'y puis résister, duc, il faut que je serre
Cette loyale main si ferme et si sincère !
(Elle marche vivement à lui et lui prend la main,
Qu'elle presse avant qu'il ait pu s'en défendre.)

Ruy Blas, *à part*.
La fuir depuis six mois et la voir tout à coup !
(Haut.)
Vous étiez là, madame ?...

La Reine.

Oui, duc, j'entendais tout
J'étais là. J'écoutais avec toute mon âme !

Ruy Blas, *montrant la cachette*.

Je ne soupçonnais pas… – ce cabinet, madame…

La Reine.

Personne ne le sait. C'est un réduit obscur
Que Don Philippe Trois fit creuser dans ce mur,
D'où le maître invisible entend tout comme une ombre.
Là j'ai vu bien souvent Charles Deux, morne et sombre,
Assister aux conseils où l'on pillait son bien,
Où l'on vendait l'État.

Ruy Blas.
Et que disait-il ?

La Reine.

Rien.

Ruy Blas.

Rien ? – et que faisait-il ?

La Reine.

Il allait à la chasse.
Mais vous ! J'entends encor votre accent qui menace.
Comme vous les traitiez d'une haute façon,
Et comme vous aviez superbement raison !
Je soulevais le bord de la tapisserie,
Je vous voyais. Votre œil, irrité, sans furie,
Les foudroyait d'éclairs, et vous leur disiez tout.
Vous me sembliez seul être resté debout !
Mais où donc avez-vous appris toutes ces choses ?
D'où vient que vous savez les effets et les causes ?
Vous n'ignorez donc rien ? D'où vient que votre voix

Les Caprices de Marianne

Parlait comme devrait parler celle des rois ?
Pourquoi donc étiez-vous, comme eût été Dieu même,
Si terrible et si grand ?

Ruy Blas.

Parce que je vous aime !

Parce que je sens bien, moi qu'ils haïssent tous,
Que ce qu'ils font crouler s'écroulera sur vous !
Parce que rien n'effraie une ardeur si profonde,
Et que pour vous sauver je sauverais le monde !
Je suis un malheureux qui vous aime d'amour.
Hélas ! Je pense à vous comme l'aveugle au jour.
Madame, écoutez-moi. J'ai des rêves sans nombre.
Je vous aime de loin, d'en bas, du fond de l'ombre ;
Je n'oserais toucher le bout de votre doigt,
Et vous m'éblouissez comme un ange qu'on voit !
– Vraiment, j'ai bien souffert. Si vous saviez, madame !
Je vous parle à présent. Six mois, cachant ma flamme,
J'ai fui. Je vous fuyais et je souffrais beaucoup.
Je ne m'occupe pas de ces hommes du tout,
Je vous aime. – Ô mon Dieu, j'ose le dire en face
À Votre Majesté. Que faut-il que je fasse ?
Si vous me disiez : meurs ! Je mourrais. J'ai l'effroi
Dans le cœur. Pardonnez !

Ruy Blas, Victor Hugo, 1838.

16 D'où Ruy Blas tire-t-il son énergie pour l'action ? Est-il véritablement un homme politique ? Relevez le vers qui l'indique.

17 Relevez les champs lexicaux de l'ombre et de la lumière. Comment s'opposent-ils ? Quel effet ce contraste produit-il ?

18 Montrez que Ruy Blas est sans cesse conscient de ce qu'il est en réalité. Quel sentiment en éprouve-t-il ? Relevez les marques de lyrisme dans sa tirade.

Acte II
Scène 6

Un cimetière
Octave et Marianne,
auprès d'un tombeau

OCTAVE

Moi seul au monde je l'ai connu. Cette urne d'albâtre[1], couverte de ce long voile de deuil, est sa parfaite image. C'est ainsi qu'une douce mélancolie voilait les perfections de cette âme tendre et délicate. Pour moi seul, cette vie silencieuse n'a point été un mystère. Les longues soirées que nous avons passées ensemble sont comme de fraîches oasis dans un désert aride ; elles ont versé sur mon cœur les seules gouttes de rosée qui y soient jamais tombées. Cœlio était la bonne partie de moi-même ; elle est remontée au ciel avec lui. C'était un homme d'un autre temps ; il connaissait les plaisirs, et leur préférait la solitude ; il savait combien les illusions sont trompeuses, et il préférait ses illusions à la réalité. Elle eût été heureuse, la femme qui l'eût aimé.

MARIANNE

Ne serait-elle point heureuse, Octave, la femme qui t'aimerait ?

OCTAVE

Je ne sais point aimer ; Cœlio seul le savait. La cendre que renferme cette tombe est tout ce que j'ai aimé sur la terre, tout ce que j'aimerai. Lui seul savait verser dans une autre âme

---

[1]. Vase contenant les cendres de Cœlio, en pierre très blanche, variété de gypse.

toutes les sources de bonheur qui reposaient dans la sienne. Lui seul était capable d'un dévouement sans bornes ; lui seul eût consacré sa vie entière à la femme qu'il aimait, aussi facilement qu'il aurait bravé la mort pour elle. Je ne suis qu'un débauché sans cœur ; je n'estime point les femmes ; l'amour que j'inspire est comme celui que je ressens, l'ivresse passagère d'un songe. Je ne sais pas les secrets qu'il savait. Ma gaieté est comme le masque d'un histrion[2] ; mon cœur est plus vieux qu'elle, mes sens blasés n'en veulent plus. Je ne suis qu'un lâche ; sa mort n'est point vengée.

MARIANNE

Comment aurait-elle pu l'être, à moins de risquer votre vie ? Claudio est trop vieux pour accepter un duel, et trop puissant dans cette ville pour rien craindre de vous.

OCTAVE

Cœlio m'aurait vengé si j'étais mort pour lui, comme il est mort pour moi. Ce tombeau m'appartient : c'est moi qu'ils ont étendu sous cette froide pierre ; c'est pour moi qu'ils avaient aiguisé leurs épées ; c'est moi qu'ils ont tué. Adieu la gaieté de ma jeunesse, l'insouciante folie, la vie libre et joyeuse au pied du Vésuve ! adieu les bruyants repas, les causeries du soir, les sérénades sous les balcons dorés ! Adieu Naples et ses femmes, les mascarades à la lueur des torches, les longs soupers à l'ombre des forêts ! Adieu l'amour et l'amitié ! ma place est vide sur la terre.

MARIANNE

Mais non pas dans mon cœur, Octave. Pourquoi dis-tu : Adieu l'amour ?

---

2. Acteur qui jouait des farces grossières.
Sens péjoratif pour comédien.

Acte II, scène 6

OCTAVE
Je ne vous aime pas, Marianne ; c'était Cœlio qui vous aimait.

Lambert Wilson (Octave) et Laure Marsac (Marianne),
Les Bouffes du Nord, 1994, mise en scène de Lambert Wilson.

Questions

Repérer et analyser

Le lieu et le temps

1 Dans quel lieu le dernier entretien entre Octave et Marianne se déroule-t-il ? En quoi marque-t-il une rupture avec les lieux des scènes précédentes ? Quelle valeur symbolique revêt-il ?

2 Combien de temps semble s'être écoulé entre la scène 5 et la scène 6 ?

Le dénouement

> Dans une pièce de théâtre, le dénouement est la scène finale où l'intrigue se dénoue, c'est-à-dire trouve sa solution. Le dénouement d'une comédie est heureux.

3 a. Quel est le dénouement de la pièce ?
b. En quoi ce dénouement est-il celui d'une tragédie ?
c. En quoi cette pièce s'apparente-t-elle à un drame romantique, défini par le mélange des genres et des registres ?

La progression du dialogue

L'éloge funèbre de Cœlio

4 a. « Cette urne d'albâtre, couverte de ce long voile de deuil » (l. 1-2) : quelles sont les deux couleurs qui caractérisent Cœlio ?
b. Retrouvez, dans la scène 1 de l'acte I, quelles étaient ses couleurs de son vivant. Que symbolisent ces couleurs ?

5 a. Quel portrait Octave fait-il de Cœlio ? Appuyez-vous sur le lexique et les figures de style : métaphores et comparaisons dans les lignes 1 à 13, anaphore dans les lignes 16 à 28.
b. « elle est remontée au ciel » (l. 9) : montrez, à partir de l'étymologie du nom de Cœlio, qu'il appartenait au Ciel et non à la Terre.
c. Le héros romantique

> Le héros romantique est un être désenchanté, inadapté au monde, idéalisant le passé et rêvant d'un idéal inaccessible.

En quoi Cœlio apparaît-il comme un personnage romantique ?

Acte II, scène 6

La confession d'Octave

6 **a.** Quelle image Octave donne-t-il de lui-même ? Sur quels points est-il différent de Cœlio ? Appuyez-vous sur les antithèses et analysez notamment la ligne 16.
b. Montrez qu'Octave se dévalorise lui-même. Appuyez-vous sur le lexique et les formules négatives et restrictives (ne… que) (l. 16 à 28).

7 Le thème du masque

> Le thème du masque est fréquent chez Musset. Il exprime la contradiction de l'être et du paraître.

« Ma gaieté est comme le masque d'un histrion » (l. 25-26) : Octave se dévoile. Que cache-t-il derrière le masque ?

8 Analysez les quatre adieux d'Octave à la vie (l. 35 à 41).
a. En quoi ces quatre phrases d'adieu sont-elles des allusions aux scènes précédentes ? À quoi Octave renonce-t-il ? Relevez les images colorées et les détails pittoresques.
b. Quel est l'effet produit par la dernière phrase ?

Le double

> Octave et Cœlio ne peuvent être dissociés : ils sont les deux aspects d'un seul individu, de Musset lui-même.

9 **a.** Relevez dans les répliques d'Octave les phrases qui soulignent que les deux jeunes gens sont les deux faces d'un même personnage.
b. « C'est moi qu'ils ont étendu sous cette froide pierre » (l. 33-34) : en quoi la mort de Cœlio équivaut-elle à la mort d'Octave ?

Octave et Marianne : dernier entretien

10 Combien de fois Marianne intervient-elle ? En quoi ses questions relancent-elles le monologue ?
11 Quelle phrase d'Octave, appartenant au mode du regret, Marianne reprend-elle presque mot pour mot, mais sur le mode du souhait ? Marianne est-elle sensible à la mort de Cœlio ?
12 Quels arguments Marianne avance-t-elle pour convaincre Octave d'un bonheur possible ? Montrez, en citant le texte, qu'Octave repousse à chaque fois ses arguments.

Les Caprices de Marianne

13 Marianne tutoie Octave à deux reprises ; quel sentiment ce tutoiement révèle-t-il ?

14 Montrez que Marianne est exclue cruellement du dialogue. Pour répondre :
– repérez le retour en écho de l'adjectif « seul » appliqué à Octave puis à Cœlio (« Moi seul » / « Lui seul ») ;
– identifiez les temps utilisés dans l'expression « Tout ce que j'ai aimé sur la terre, tout ce que j'aimerai » (l. 17-18). Y a-t-il une place pour Marianne dans le présent ?

15 Relisez la dernière réplique.
a. Relevez le pronom par lequel Octave s'adresse à Marianne.
b. Analysez les jeux d'opposition entre les deux propositions (sujet des verbes, formes négative/affirmative, jeu sur le temps des verbes).
c. Quel est l'effet produit par cette réplique sur Marianne ? Jusqu'à quel moment a-t-elle gardé l'espoir ?

La visée

16 En quoi cette scène est-elle cruelle et tragique ?

Écrire

Écrire quelques répliques

17 Imaginez les quelques répliques qu'auraient pu échanger, après la mort de Cœlio, Marianne et Claudio. Vous respecterez les données de la pièce et les caractères sans oublier que Claudio, devenu un assassin, triomphe.

Écrire un texte

18 Imaginez ce que sera la vie de Marianne après ce dernier entretien avec Octave.
Votre texte devra comporter des passages narratifs et descriptifs ; vous ferez aussi part des pensées et des sentiments de la jeune femme.

Lire

Hamlet de Shakespeare

19 Shakespeare situe également une scène d'*Hamlet* et de *Roméo et Juliette* dans un cimetière. Lisez les scènes.

Se documenter

Le double

Le thème du double parcourt l'œuvre de Musset : il apparaît entre autres dans *Les Caprices de Marianne*, *Lorenzaccio* et *La Nuit de décembre* dont voici deux extraits :

« Le poète »

Du temps que j'étais écolier,
Je restais un soir à veiller
Dans notre salle solitaire.
Devant ma table vint s'asseoir
5 Un pauvre enfant vêtu de noir,
Qui me ressemblait comme un frère.

Son visage était triste et beau
À la lueur de mon flambeau,
Dans mon livre ouvert il vint lire.
10 Il pencha son front sur ma main,
Et resta jusqu'au lendemain,
Pensif, avec un doux sourire.

Comme j'allais avoir quinze ans,
Je marchais un jour, à pas lents,
15 Dans un bois, sur une bruyère.
Au pied d'un arbre vint s'asseoir,
Un jeune homme vêtu de noir,
Qui me ressemblait comme un frère.

Je lui demandai mon chemin ;
20 Il tenait un luth d'une main,
De l'autre un bouquet d'églantine.
Il me fit un salut d'ami,
Et, se détournant à demi,
Me montra du doigt la colline.

25 À l'âge où l'on croit à l'amour,
J'étais seul dans ma chambre un jour,
Pleurant ma première misère.
Au coin de mon feu vint s'asseoir
Un étranger vêtu de noir,
30 Qui me ressemblait comme un frère.

Il était morne et soucieux ;
D'une main il montrait les cieux,
Et de l'autre il tenait un glaive.
De ma peine il semblait souffrir,
35 Mais il ne poussa qu'un soupir,
Et s'évanouit comme un rêve.

À L'âge où l'on est libertin,
Pour boire un toast en un festin,
Un jour je soulevai mon verre.
40 En face de moi vint s'asseoir
Un convive vêtu de noir,
Qui me ressemblait comme un frère.

Il secouait sous son manteau
Un haillon de pourpre en lambeau,
45 Sur sa tête un myrte stérile.
Son bras maigre cherchait le mien,
Et mon verre, en touchant le sien,
Se brisa dans ma main débile.

[…]

« La vision »

50 – Ami, notre père est le tien.
Je ne suis ni l'ange gardien,
Ni le mauvais destin des hommes.
Ceux que j'aime, je ne sais pas,
De quel côté s'en vont leurs pas
55 Sur ce peu de fange où nous sommes.

Je ne suis ni dieu ni démon,
Et tu m'as nommé par mon nom
Quand tu m'as appelé ton frère ;
Où tu vas, j'y serai toujours,
60 Jusques au dernier de tes jours,
Où j'irai m'asseoir sur ta pierre.

Le ciel m'a confié ton cœur.
Quand tu seras dans la douleur,
Viens à moi sans inquiétude.
65 Je te suivrai sur le chemin ;
Mais je ne puis toucher ta main,
Ami, je suis la Solitude.

Alfred de Musset, *La Nuit de décembre*,
extraits, 1835.

20 À quels moments de la vie du poète les visions surgissent-elles ?
21 Quels sentiments l'apparition semble-t-elle éprouver pour le poète ? Comment se marque son impuissance à lui venir en aide ?
22 Quel rôle la Solitude joue-t-elle dans la vie du poète ?
23 En quoi peut-on rapprocher les sentiments exprimés dans *La Nuit de décembre* de ceux que ressent Octave dans *Les Caprices de Marianne* ?

Les Caprices de Marianne

Faire le point sur l'acte II

Le lieu et le temps

1 Dans quels lieux les personnages se retrouvent-ils au cours de l'acte II ?

2 Combien de temps s'est-il écoulé depuis le début de la pièce ?

L'action

3 Quelles péripéties précipitent le drame ?

4 Quelle menace Claudio va-t-il mettre à exécution ?

Les personnages et leurs relations

5 Quel personnage domine l'acte II ? Dans combien de scènes apparaît-il ?

6 Comment les sentiments que Marianne éprouve pour Octave évoluent-ils au cours de cet acte ?

7 Octave est-il troublé par Marianne ? Quelle position définitive adopte-t-il envers elle à la fin de l'acte ?

8 Quel personnage semble sortir vainqueur de la pièce ? à quel prix ?

9 En quoi la situation des principaux personnages a-t-elle changé à la fin de la pièce ?

Le titre et le genre

10 Quel personnage fait allusion aux « caprices » de Marianne au cours de cet acte ? Quels sont ces caprices ?

11 Quelle tonalité prend la pièce au cours de l'acte II ? Pour quelle raison ?

Questions de synthèse

Les Caprices de Marianne

Le lieu et le temps

1 Dans quel pays et dans quelle ville l'action se déroule-t-elle ? Relevez quelques indications qui évoquent ce pays.

2 a. Quels sont les différents lieux de l'action ? S'agit-il de lieux précis ?
b. Distinguez les lieux ouverts et les espaces clos.

3 a. Peut-on situer avec précision l'époque à laquelle se déroule la pièce ? Justifiez votre réponse.
b. À quel moment de la journée l'action commence-t-elle ? À quel moment de cette même journée se termine-t-elle ? Combien de temps l'action dure-t-elle ?

L'action

4 Quelle est la situation au début de la pièce ? Quel type d'intrigue est mis en place ?

5 a. Quel événement déclenche l'action ?
b. Quelles sont les différentes péripéties ?

6 Quel est le dénouement ? Montrez qu'il s'étend sur les deux dernières scènes.

7 La règle des trois unités

Le théâtre français classique (XVIIe siècle) était soumis aux règles des trois unités :
– unité de lieu : l'action doit se dérouler dans un seul lieu, une pièce, une maison, une ville à la limite ;
– unité de temps : l'action n'excède pas vingt-quatre heures ;
– unité d'action : une seule intrigue.

En quoi la pièce de Musset s'apparente-t-elle à une pièce classique ? en quoi diffère-t-elle ? Justifiez votre réponse.

Le titre

8 Quel est le sens du titre ? Justifiez le choix de ce titre.

Le genre et les registres

9 a. Musset qualifie sa pièce de comédie. Quelles sont les caractéristiques d'une comédie ?
b. *Les Caprices de Marianne* appartiennent-ils à ce genre ? Justifiez votre réponse.

10 Montrez, par des exemples précis, que Musset mélange dans sa pièce registres comiques et registres tragiques. En quoi rejoint-il par là Victor Hugo qui, dans *la Préface de Cromwell* (voir l'extrait proposé p. 33 à 35), écrit que le drame doit mêler le grotesque au sublime, à l'image de la vie ?

11 En quoi la pièce relève-t-elle en partie du registre lyrique ? Pour répondre :
– relevez quelques comparaisons et métaphores dans les répliques d'Octave et de Cœlio ;
– relevez quelques passages dans lesquels les personnages se font des confidences et expriment leur sensibilité.

Les personnages et leurs relations

Cœlio, Octave et Marianne

12 a. Quels sont les grands traits de caractère des principaux personnages ?
b. Montrez que Cœlio, Octave et Marianne ont des conceptions différentes de l'amour.

Marianne et Cœlio

13 Par quels intermédiaires Marianne et Cœlio communiquent-ils ? Quelle est la conséquence de ce mode de communication sur leurs rapports ?

Marianne et Octave

14 Combien de fois Marianne et Octave s'entretiennent-ils dans la pièce ? Étudiez l'évolution de leur relation ? À quoi aboutit-elle ?

Claudio

15 Quel rôle joue Claudio auprès des autres personnages ? et dans la pièce ?

Le thème du double

16 Dégagez les ressemblances et les différences entre l'histoire de Hermia et celle de Marianne.

17 En quoi Cœlio est-il le double d'Octave ? Pour répondre, montrez que les deux jeunes gens sont en apparence très différents l'un de l'autre mais qu'ils sont en fait très proches.

Une pièce romantique

18 a. Quelle scène annonce, par une mise en abyme, le destin de Cœlio ?
b. Quels personnages sont, malgré eux, les instruments du destin ? De quelle façon ?

19 Montrez que la vision que donne Musset de l'amour, des femmes et de la vie est désenchantée.

La visée

20 Quelle est la part que Musset a mise de lui-même dans cette pièce ? Quelle en est la visée ?

Bibliographie

Sur la passion amoureuse dans la littérature du XIXe siècle, lisez entre autres :
– Balzac, *La Duchesse de Langeais* (voir l'extrait proposé, p. 99-100) ;
– Victor Hugo, *Hernani, Ruy Blas* (voir l'extrait proposé, p. 110 à 112) ;
– Stendhal, *La Chartreuse de Parme, Le Rouge et le Noir*.

Index des rubriques

Repérer et analyser
Le langage théâtral 29
Répliques et didascalies 29
La double énonciation et l'exposition 29
L'action 30, 41, 50, 95
Le rôle de l'entremetteuse 30
Le monologue 30, 95, 109
L'anaphore 30
La métaphore 31
Les dialogues 31, 73, 95, 109
Les différents registres 32, 42, 77, 110
La visée et les attentes du spectateur 32, 42, 51, 77, 82, 97, 110, 118
Le lieu et le temps 41, 50, 73, 82, 95, 108, 116
Les personnages et leurs relations 41, 51, 82, 97
Le lyrisme 42
La mise en abyme 42
L'enchaînement des scènes, des actes 50, 73
La progression du dialogue 50, 116
Les péripéties 50
Le comique 51
La structure de la scène 73
L'ironie 74, 108
L'apostrophe 75
La conception de l'amour 76
Le mal du siècle 76
La progression de la scène 95, 109
L'hyperbole 96
La prétérition 96
Les symboles 97
La satire 97
Le titre de la pièce 98
La progression de l'action 108
Le renversement de situation 108
Le quiproquo 108
Le cynisme 109
Le dénouement 116
L'éloge funèbre 116
Le héros romantique 116
La confession 117
Le thème du masque 117
Le double 117

Se documenter
Le drame romantique 33
La *Préface de Cromwell* (Hugo) 33
Le mal du siècle (*Lorenzaccio*, Musset) 78
Le retour vers le passé (« El Desdichado », Nerval) 83
La condition des femmes au XIXe siècle (*La Duchesse de Langeais*, Balzac) 98
La force de l'amour (*Ruy Blas*, Hugo) 110
Le double (*La Nuit de décembre*, Musset) 119

Écrire

Rédiger un dialogue 43
Rédiger le portrait d'un personnage 52
Inventer des répliques 77
Écrire une lettre 98
Écrire un récit d'imagination 98
Écrire des répliques 118
Écrire un texte 118

Lire et comparer

La Nuit des rois, **Shakespeare** 43
Le Barbier de Séville, **Beaumarchais** 52
On ne badine pas avec l'amour, **Musset** 78

Lire

Ronsard 33
Shakespeare 119

Faire le point 53, 122

Étudier la langue 32

Comparer 32

Jouer la scène 52

Mettre en scène 77

Enquêter 83

Table des illustrations

2h	ph ©	Archives Hatier
2b	ph ©	Bridgeman Giraudon
5	ph ©	Archives Hatier
9	ph ©	Archives Hatier
13	ph ©	Bernand/Enguerand
16	ph ©	Lipniski-Viollet
27	ph ©	Agostino Pacciani/Bernand/Enguerand
39	ph ©	Ramon Senera/Bernand/Enguerand
48	ph ©	Lipniski-Viollet
57	ph ©	Agostino Pacciani/Bernand-Enguerand
62	ph ©	Lipniski-Viollet
66	ph ©	Agostino Pacciani/Bernand/Enguerand
71	ph ©	Marc Enguerand/Bernand/Enguerand
86	ph ©	Ramon Senera/Bernand/Enguerand
89	ph ©	Bernand/Enguerand
92	ph ©	Lipniski-Viollet
102	ph ©	Bernand/Enguerand
115	ph ©	Agostino Pacciani/Bernand/Enguerand

et 29, 30, 31, 32, 33, 34, 35, 41, 42, 43, 50, 51, 52, 53, 73, 74, 75, 76, 77, 78, 79, 82, 83, 84, 95, 96, 97, 98, 99, 100, 108, 109, 110, 111, 112, 116, 117, 118, 119, 120, 121, 122 (*Les Caprices de Marianne* à la Comédie Française, photographie début XXe siècle, détail) ph © Archives Hatier

Iconographie : Édith Garraud/Hatier Illustration
Graphisme : Mecano-Laurent Batard
Mise en page : Studio Bosson
Dépôt légal : n° 37480 - mai 2005
Imprimé en France par l'imprimerie Hérissey - N° 98923